GEORG BARTELS
DAS BERLIN DER JAHRHUNDERTWENDE

GEORG BARTELS

# DAS BERLIN DER JAHRHUNDERTWENDE

*PHOTOGRAPHIEN AUS DEN JAHREN 1886 BIS 1907*

AUSGEWÄHLT UND ZUSAMMENGESTELLT

VON HELA ZETTLER UND JOST HANSEN

EDITION MÄRKISCHES MUSEUM

VERLAG DIRK NISHEN

Am Tempelhofer Berg 6 · D-1000 Berlin 61

Redaktion und Herstellung Gabrielle Pfaff
Die Lithographien fertigte O.R.T. Kirchner + Graser, Berlin
Gesetzt aus der Baskerville von Utesch Satztechnik, Hamburg
Gedruckt auf BVS matt gestrichen Bilderdruck 150 g/m² von Kösel, Kempten
Gebunden bei Klemme, Bielefeld
Allen Beteiligten dankt der Verlag.

ISBN 3 88940 056 6

# Inhalt

*»Wir möchten auf eine wichtige Entdeckung unseres berühmten Diorama-Malers, M. Daguerre, hinweisen. Diese Entdeckung grenzt ans Wunderbare. Sie bringt alle wissenschaftlichen Theorien über das Licht und die Optik ins Wanken und wird die Zeichenkunst revolutionieren.*
*M. Daguerre hat einen Weg gefunden, wie man die Bilder, die sich innerhalb der Camera obscura selbst malen, festhalten kann, dergestalt, daß sie nicht länger vorübergehende Spiegelungen der Gegenstände, sondern deren fester und dauerhafter Abdruck sind, der, wie bei einem Gemälde oder Kupferstich, von der äußeren Gestalt der Dinge abgenommen werden kann.«*

GAZETTE DE FRANCE vom 6. 1. 1839[1]

# Die Photographie
# Eine neue Möglichkeit bildhafter Dokumentation

Jost Hansen

Mit der Veröffentlichung der Erfindung von Louis Jaques Mandé Daguerre und Nicéphore Niepce 1839 wurde ein alter Traum, das visuell Erlebte als Bild exakt wiedergeben zu können, verwirklicht. Es ist nicht erstaunlich, daß es ein Dioramenmaler war, der diese Erfindung patentieren ließ.

Die Dioramen- und die biedermeierliche Architekturmalerei waren durch das Bemühen gekennzeichnet, Wirklichkeit getreu abzubilden. Gerade zu Beginn des 19. Jahrhunderts wurden Wirklichkeit und Wahrheit im Abbild eng aufeinander bezogen. Es wurde »eine Bilderwelt geschaffen, in der man sich am Nahen und Vertrauten orientiert. Die liebevolle Sorgfalt, mit der jedes kleinste Detail – wie das Muster eines Straßenpflasters, das Mauergefüge einer Hauswand – behandelt wird, zeugt von einem intensiven Hinsehen auf die eigene Umwelt, von einer ausgesprochenen Freude, diese in allen ihren Einzelheiten im Bild wiederzugeben und wiederzufinden.«[2]

Zusätzlich wurden die Darstellungen häufig mit einer zeitgemäßen, real wirkenden Momenthaftigkeit illustriert, um einer nachzuempfindenden Realität näherzukommen.

Durch exakt beobachtete und wiedergegebene Details versuchten die Maler komplexe Wirklichkeitszusammenhänge erschließbar zu machen. Diesem ästhetischen Bedürfnis konnte die Photographie mit ihrer scheinbar vollkommenen Authentizität besser entsprechen. »Jeder Stein, jedes kleinste Zeichen von Vollkommenheit oder Zerfall, das winzigste Detail, das in einer normalen Zeichnung keine Aufmerksamkeit erregen würde, wird in einer Fotografie sorgfältiger Beachtung wert. Häufig haben wir bemerkt, daß diese wahrheitsgetreuen Bilder uns mehr und mehr genauere Vorstellungen von Details vermittelt haben als die Betrachtung der Dinge selbst, denn der Geist zeigt sich eher zu sorgfältiger und genauer Prüfung bereit, wenn er in Mußestunden ein Papierbild betrachtet, als wenn er in Gegenwart der Objekte selbst von den allgemeinen Eindrücken überflutet und von der Unsicherheit oder Erregung befallen wird, ob der Gegenstand von großem oder ungewöhnlichem Interesse ist«[3], schrieb 1859 der Landschafts- und Reisephotograph Francis Frith.

Das Faszinierende an einer Photographie bestand besonders damals darin, daß der abgelichtete Gegenstand als tatsächliches Abbild verstanden werden konnte – als ein glaubhaftes Dokument eines existierenden Zustandes. Nur hatten anfänglich die Photographien den Nachteil, daß momenthafte Situationsdarstellungen aufgrund der langen Belichtungszeiten nicht möglich waren. Die bildhaften Bestandsaufnahmen dieser Zeit lebten aber auch von einer erzählenden Momentschilderung des städtischen Treibens.

Ein solcher von Berlin berichtender Maler war Eduard Gaertner (1801–1877). Seine detailgetreuen Architekturdarstellungen und momenthaften Situationsschilderungen waren beliebte Illustrationen zu Stadtbeschreibungen. Die Gemälde und Zeichnungen Gaertners dienten häufig als Vorlage für die damals gebräuchliche Vervielfältigung, den Stahlstich. Die Beispiele der Abbildungen der Königsbrücke und der Königlichen Artillerie- und Ingenieurschule zeigen einen penibel exakt wiedergegebenen Bau – selbst der stellenweise abgefallene Putz wurde abgebildet – und Ausschnitte des städtischen Lebens. Es fehlte aber das nachweisbar Authentische, das die Photographie zu haben schien. So war es nicht selten, daß auch Photo-

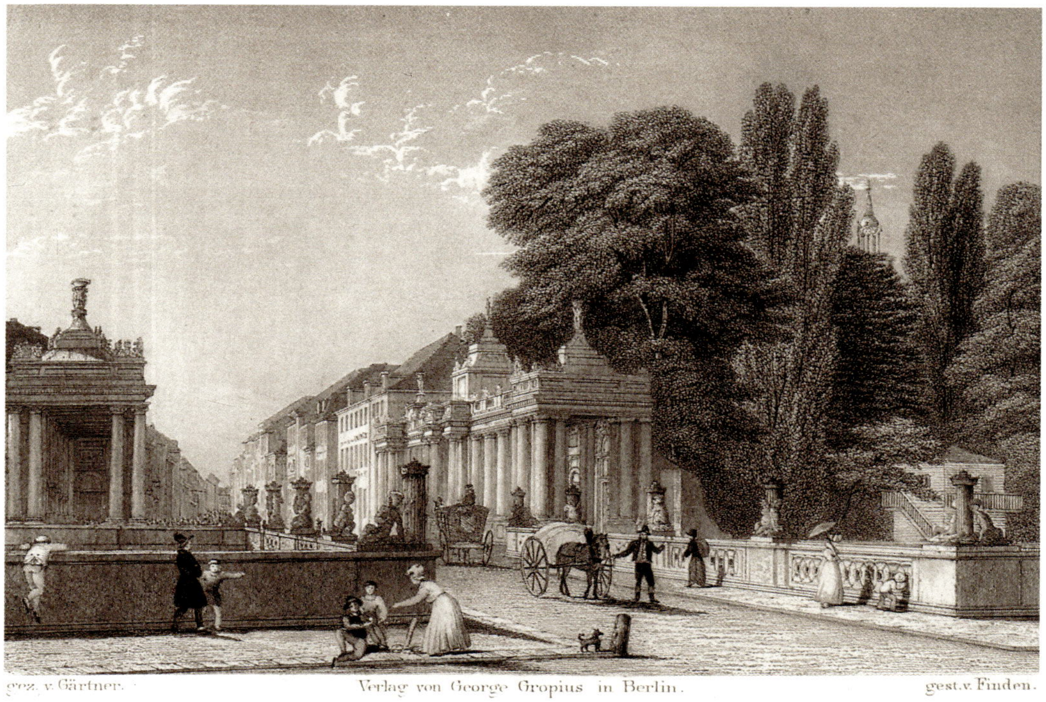


Die Königsbrücke, nach einer Zeichnung von Eduard Gaertner. In: Berlin und seine Umgebungen im 19. Jahrhundert, Berlin 1839, S. 28

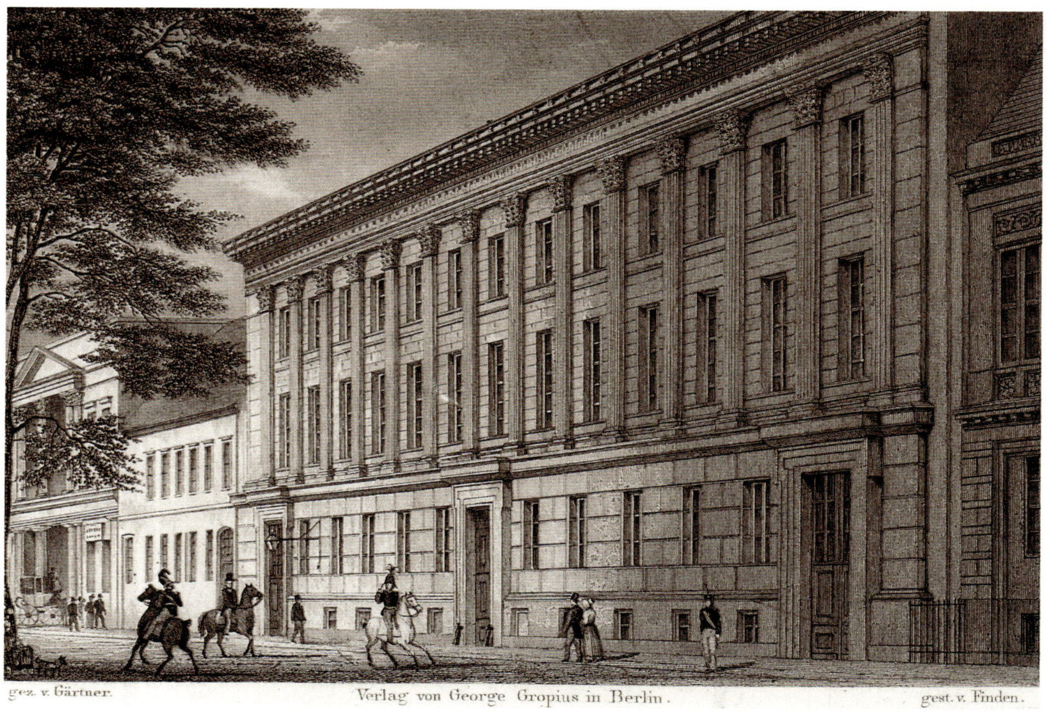


Die Königliche Artillerie- und Ingenieurschule, nach einer Zeichnung von Eduard Gaertner. In: Berlin und seine Umgebungen im 19. Jahrhundert, Berlin 1839, S. 28

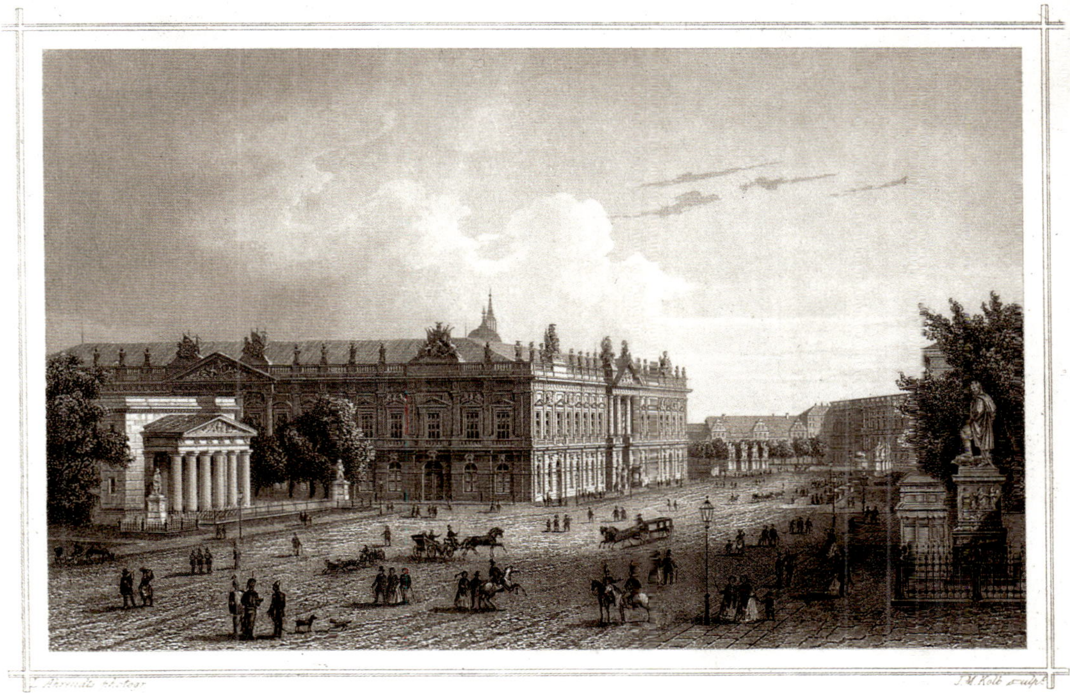

Königswache und Zeughaus, nach einer Photographie von Leopold Ahrends. In: Abbildungen zu Rellstab, Berlin 1854, Abb. 16

graphien in Stahlstichen eine Vervielfältigung erfuhren, wie das Beispiel der Königswache, photographiert von Leopold Ahrends, zeigt.

Seit Mitte des 19. Jahrhunderts wußte man auch den Vorteil der photographischen Vervielfältigung zu schätzen – die ersten Photographien, nach ihrem Erfinder Daguerreotypien genannt, waren nur als Unikate vorhanden – und die Belichtungszeiten wurden kürzer. So war es folgerichtig, daß die Photographie zunehmend Bildbereiche des Dokumentarischen, der Stadt- und Ortsbilder, der bildhaften Souvenirs und auch der Porträtdarstellung von der Malerei und Grafik übernahm. Viele der ersten Photographen waren Kunstmaler, die sich durch diese neue Bildfertigung besonders finanzielle Verbesserungen erhofften. Ihre Sehweise war von der Malerei geprägt, das betraf die Wahl der Motive, der Standorte, der Ausschnitte. Sie arbeiteten mit vertrauten traditionellen Bildverständnissen und nutzten die Vorteile des neuen Mediums. So wurden die Photographien als etwas Künstlerisches akzeptiert. Gleichzeitig aber kam es zu heftigen Diskussionen um ihren Kunstwert, da die Photographie nach weiteren der Malerei adäquaten bildkünstlerischen und auch eigenen Ausdrucksmitteln suchte.

Einer ihrer erbittertsten Gegner, Charles Baudelaire, schrieb 1859: »Wenn sie gefährdete Ruinen, Bücher, Stiche und Manuskripte vor dem Vergessen bewahrt, jene wertvollen Güter, deren Form sich auflöst und die Anspruch auf einen Platz in den Archiven unserer Erinnerung haben, dann soll sie bedankt und belobigt sein. Aber wenn es ihr erlaubt wird, sich auf die Domäne des Geistes und der Phantasie auszuweiten, auf all das was nur durch die Seele des Menschen lebt, dann wehe uns!«[4]

Unabhängig von diesen Diskussionen erlangte der photographisch dokumentarische Wert gerade zu dieser Zeit besondere Bedeutung. Um die Mitte des 19. Jahrhunderts zeigte sich, daß die Entwicklung der Industrie in den europäischen Großstädten gravierende Veränderungen zur Folge hatte. Die Städte wuchsen sprunghaft an und veränderten ihr gesamtes Aussehen. Abriß und Neubau beherrschten das Bild. Wichtige Gebäude und ganze Stadtteile verschwanden, um Platz für Neues zu schaffen. Bisher typische Straßenbilder, geprägt durch enge Straßen, dunkle Gassen, niedrige Häuser, die alte gewachsene Architektur wurde liquidiert – eine spezifische Atmosphäre des Stadtlebens drohte in Vergessenheit zu geraten. Hier sahen einige Photographen ein wichtiges Wirkungsfeld. Anfänglich aus eigenem Antrieb, bald durch städtische Institutionen finanziell unterstützt, photographierten sie die alten Teile ihrer Stadt. Sie hielten vieles in photographischen Bildern fest, das heute hilft, Geschichte vorstellbar zu machen. Ihre Photographien wurden zu »Beweisstücke(n) im historischen Prozeß ... Das macht ihre verborgene politische Bedeutung aus!«[5] Jedoch der dokumentarische Aspekt allein ist nicht der Beweggrund, weshalb diese Photographien gern anzusehen sind. Zu ihren oft interessanten Bildwerten bemerkte Henri Matisse 1908 in einer Zeitschrift: »Die Photographie vermag die wertvollsten Dokumente zu liefern, und unter diesem Gesichtspunkt kann niemand ihren Wert bestreiten. Wenn ein Mensch mit Geschmack sie ausübt, wirken die Aufnahmen wie Kunstwerke ...«[6]

1 Beaumont Newhall, Geschichte der Fotografie, München 1989, S. 19
2 Ursula Peters, Stilgeschichte der Fotografie in Deutschland 1839–1900, Köln 1979, S. 24
3 Francis Frith, Die Kunst der Fotografie, 1859. In: Kemp, Wolfgang: Theorie der Fotografie. Eine Anthologie, München 1980, S. 101
4 Charles Baudelaire, Die Fotografie und das moderne Publikum (1859). In: Kemp, Wolfgang: Theorie der Fotografie, a.a.O., S. 111
5 Walter Benjamin, Das Kunstwerk im Zeitalter seiner technischen Reproduzierbarkeit (zweite Fassung). In: ... Allegorien kultureller Erfahrung, Leipzig 1984, S. 417
6 Henri Matisse, Camera Work, Nr. 24 (1908), S. 22. In: Newhall, Geschichte der Fotografie, S. 243

# Von Daguerre zu Bartels

## Hela Zettler

Der Name des Photographen Georg Bartels taucht 1886 in Berlin auf, als es in der Stadt 174 photographische Ateliers gab. Die Photographie war aus den Kinderschuhen herausgewachsen und Berlin hatte dazu seinen Beitrag geleistet. Dieser bestand nicht nur darin, daß sich hier, relativ schnell Kunsthändler, Optiker, Mechaniker und Kunstmaler fanden, die die Daguerreotypie, nachdem sie 1839 in Paris der Öffentlichkeit vorgestellt wurde, auch in Berlin einführten. Auf der Berliner Gewerbeausstellung vom 15. August bis 24. Oktober 1844 im Zeughaus wurden erstmals in Deutschland Lichtbilder neben anderen Erzeugnissen der Kunst, des Kunstgewerbes und der Technik gezeigt. 1865 fand in der Stadt die »Erste Internationale Photographische Ausstellung« statt. Bei dieser Leistungsschau von Photographen des In- und Auslandes konnten auch die Berliner Vertreter einige Medaillen erringen und so ihr Können unter Beweis stellen. Ähnliche Erfolge setzten sich auch später fort, als beispielsweise auf der Zweiten Internationalen Photographischen Ausstellung 1883 in Brüssel Hermann Rückwardt den 1. Preis für Architekturphotographien errang.

Berliner Geschäftsleute verdrängten rasch den französischen Markt, der anfangs alle nötigen photographischen »Zutaten« allein herstellte und exportierte. Als erster Deutscher fertigte schon 1839 der Optiker Theodor Dörffel, Unter den Linden 46, Apparate für die Herstellung von Daguerreotypien her. Der Pharmazeut Ferdinand Beyrich, Besitzer der Apotheke »Zum gekrönten Adler« in der Poststraße 4, war einer der ersten, der Photochemikalien selbst herstellte. Er und der Apotheker Ernst Schering galten als »Väter der photographischen Industrie« in Berlin.[1] In der Stadt siedelten sich in den folgenden Jahren führende Unternehmen der photographischen, chemischen und optischen Industrie an. Gleichzeitig wurde sie ein Zentrum für die wissenschaftliche Photographie. Dazu beigetragen, daß die deutsche optische Industrie Weltruf erlangte, hatte die 1886 gegründete optische Anstalt von Carl Paul Goerz. Sie entstand in der Belforter Straße als kleine optische Werkstatt mit zwei Arbeitern. Bis 1911 war die Firma zwecks Vergrößerung mehrmals umgezogen, hatte Filialen u.a. in New York, Wien, Riga und Preßburg und beschäftigte 2400 Arbeiter. Hier wurde auch mit Ottomar Anschütz gemeinsam die erste Spreizenklappkamera mit Schlitzverschluß konstruiert, die später Vorbild für die Pressekameras wurde.[2] Im Jahre 1864 wurde erstmals in Deutschland ein Lehrstuhl für Photochemie an der Königlichen Gewerbe-Akademie in Berlin errichtet. Nach der Fertigstellung der Technischen Hochschule in Charlottenburg im Jahre 1879 leitete Dr. Hermann Wilhelm Vogel hier den Lehrstuhl für Photochemie und wissenschaftliche Photographie. Unter Leitung von Albrecht Meydenbauer entstand 1885 die Preußische Meßbildanstalt, in der mit Hilfe von Meßbildern Dokumentationen von bedeutenden Bauwerken archiviert wurden.

Zwei Jahre nach der Gründung einer »Photographischen Gesellschaft« in Wien, wurde auf Veranlassung von Dr. Hermann Wilhelm Vogel im Jahre 1863 der »Photographische Verein zu Berlin« gegründet. Seit 1869 leitete Vogel den »Verein zur Förderung der Photographie«. Und wenn wir allein die bedeutenden Erfindungen betrachten, die aus diesem Mitgliederkreis hervorgingen, dann wird für Berlin eine besonders enge Verflechtung zwischen Wissenschaft und Technik bemerkbar. Der

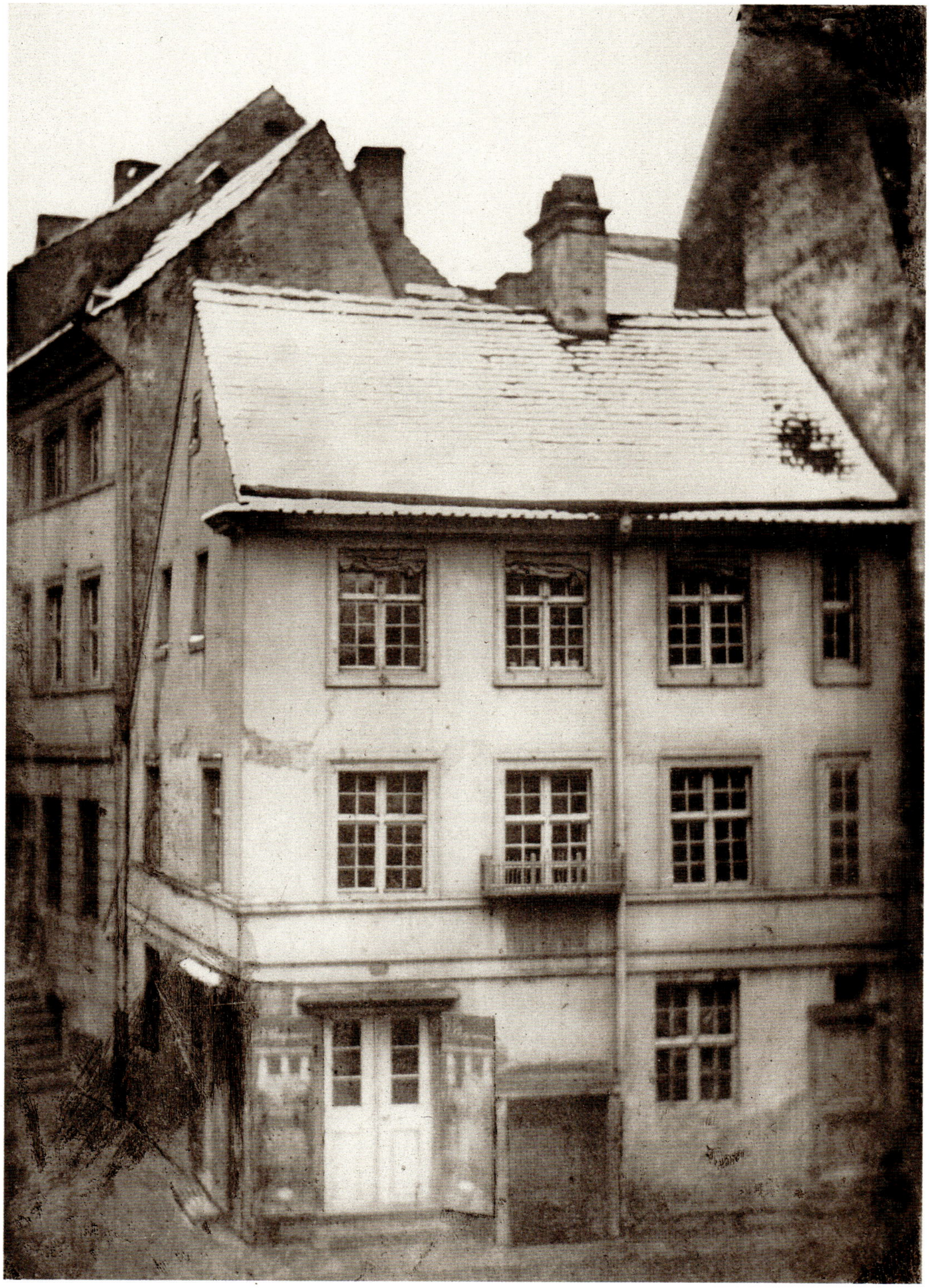

Schornsteinfeger-/Ecke Roßstraße.
Es handelt sich hier um eine mit der Atelierangabe von Georg Bartels versehene Photographie. Mit einer Ausschreibung im Inventarbuch für das Jahr 1858 scheint das die nachweisbar älteste Photographie von Georg Bartels zu sein.

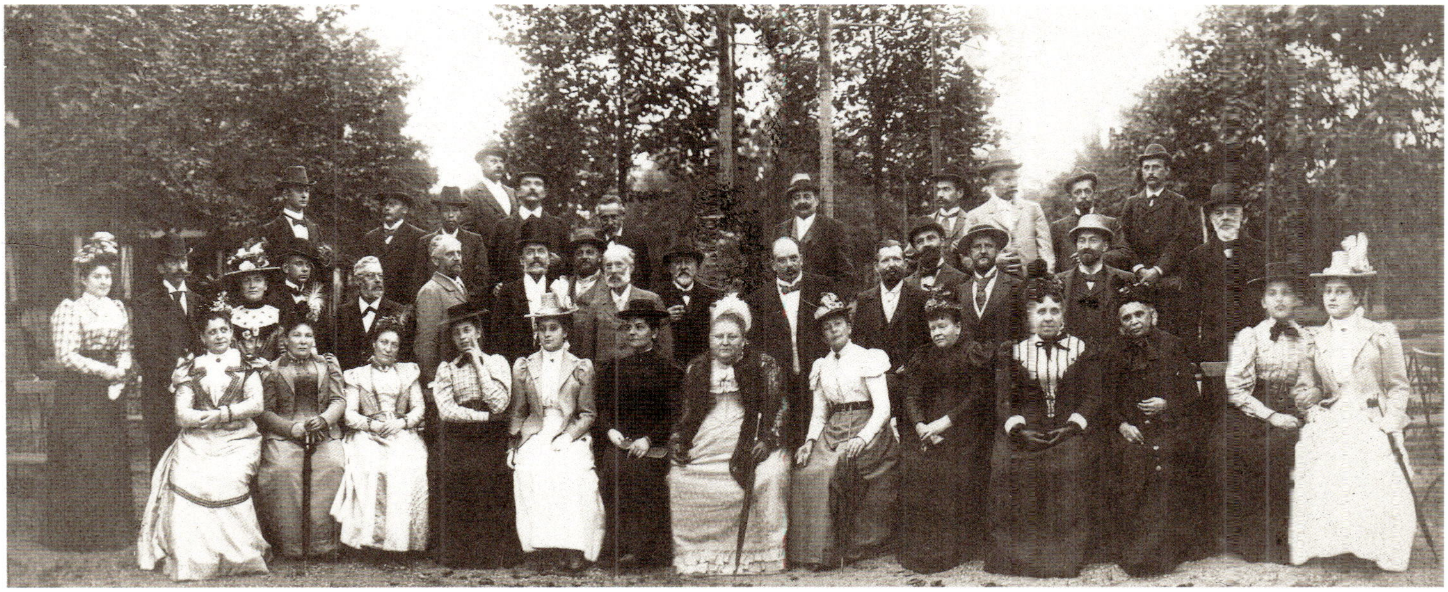

Mitglieder der Brandenburgia bei der Besichtigung des Institutes für Gährungsindustrie in der Seestraße (Wedding) am 14. 9. 1898. Photographie von Georg Bartels

Verein konnte allein bis zum Jahre 1909 verweisen auf: Die Erfindung der farbempfindlichen Platten durch Dr. Hermann Wilhelm Vogel, die Erkenntnis der Interferenzphotographie durch Dr. W. Zenker, die Pflege der Serien- und Momentaufnahmen durch Ottomar Anschütz, die ersten Momentgeheimkameras durch Rudolf Stirn, die praktische Anwendung des Magnesiumblitzes durch Johannes Gaedicke und Adolf Miethe, den weiteren Ausbau des Dreifarbenlichtdruckes und der Autotypie durch Dr. Hermann Wilhelm Vogel.[3]

Die überall entstehenden photographischen Vereine und die Weiterentwicklung der Photographie führten zu einem Anwachsen der Photoateliers. Immer mehr anerkannte Photographen siedelten sich in Berlin an. 1896 kam Waldemar Titzenthaler in die Stadt, machte sich ein Jahr später selbständig und spezialisierte sich auf technische, industrielle und Architektur-Photographie. 1905 siedelte der geschätzte Leipziger Kunstphotograph Nicola Perscheid nach Berlin über und eröffnete in der Bellevuestraße 6a ein Atelier für bildmäßige Porträtphotographie. Kurze Zeit später eröffnete Rudolf Dührkoop, aus Hamburg kommend, Unter den Linden 10 eine »Werkstatt für das künstlerische Camera-Bildnis«. J. C. Schaarwächter hatte bis zu seinem Tode im Jahre 1912 – zuletzt am Kurfürstendamm 199 – in Berlin ein Atelier. Es gab also unter den 275 im Jahre 1910 ansässigen Photographen einige, die mit ihren Arbeiten Aufsehen erregten.

Wer aber war nun Georg Bartels? Was wissen wir über ihn, außer daß er uns ein umfangreiches Werk von Berlin-Photographien hinterlassen hat? Leider ist es bisher nur sehr lückenhaft gelungen, nähere persönliche Angaben über diesen Photographen ausfindig zu machen. Im Berliner Adreßbuch wurde er erstmals im Jahre 1886 registriert. Demnach war er wohnhaft in der Frankfurter Allee 104 und betrieb in der Oranienstraße 81/82 gemeinsam mit dem Photographen Krüger ein photographisches Atelier.

Schon in früheren Jahren arbeiteten in diesem Atelier verschiedene Photographen. So wurde hier der Hofphotograph Oscar Roloff von dem Photographen Menzel, dieser wieder von den Photographen Selle & Kuntze abgelöst. 1885 übernahm der Photograph Krüger das Atelier, um schon 1886 gemeinsam mit Georg Bartels hier zu arbeiten, der dann ab 1887 der alleinige Inhaber war. Die Oranienstraße blieb bis 1903 für Georg Bartels Wohn- und Arbeitsstätte. 1904 folgte ein letzter, nachweisbarer Wohn- und Arbeitsplatzwechsel in die Stendaler Straße 13. Hier war Bartels laut Adreßbuch bis 1912 wohnhaft, und es kann mit einiger Wahrscheinlichkeit angenommen werden, daß dies auch das Jahr seines Todes war.

Grund für diese Annahme gibt eine Museumsakte des Märkischen Provinzialmuseums vom Dezember 1909 über Ankäufe von Photographien.[4] Hier wurde vermerkt, daß der Photograph Hugo Rudolphy seit einem Jahr allein Photoaufträge erhielt, da Georg Bartels »siech geworden« war. Die Tatsache, daß die Ankäufe der Arbeiten von Georg Bartels durch das Museum nur bis 1907 erfolgten, bestätigt dies. Der Name Georg Bartels wurde noch zweimal in der Brandenburgia, dem Monatsblatt der Gesellschaft für Heimatkunde der Provinz Brandenburg zu Berlin, deren Mitglied er war, erwähnt. Es handelte sich um eine kurze Mitteilung darüber, daß der Photograph Bartels zwei Gruppenaufnahmen während einer Exkursion gemacht hatte.[5]

In einem zweiten Bericht über die Sammlung aktuell-geschichtlicher Photographien im Märkischen Provinzialmuseum wurde er als Photograph genannt, der für das Museum »mit Umsichtigkeit und Geschicklichkeit« Ansichten von Häusern und Prospekten photographierte, die baulich verändert werden sollten.[6] Insgesamt kaufte das Museum im Zeitraum von 1889 bis 1907 rund 1.360 Photographien von Georg Bartels, mitunter auch mit Doubletten für die Magistratsbibliothek. Innenansichten und spezielle Personendarstellungen finden sich unter diesen Photographien äußerst selten.

Die ersten Aufnahmen von Bartels wurden in einem Inventarband des Museums am 6. 5. 1889 registriert, als er 28 Photographien für einen Gesamtpreis von 30,– Mark verkaufte. Obwohl er Photographien in gleicher Größe wie F. Albert Schwartz anfertigte, arbeitete er für deutlich niedrigere Preise. Diese lagen bei Hauptaufnahmen von einer Stelle bei 12,– Mark, bei

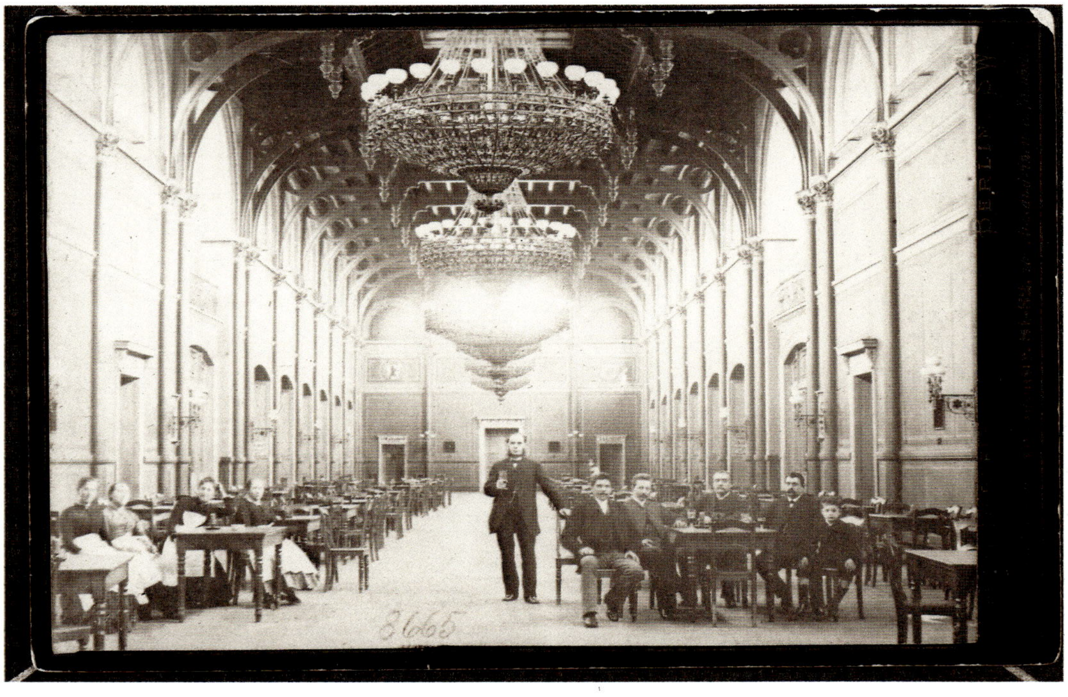

Der Börsensaal vom Zentralviehhof in der Eldenaerstraße (Friedrichshain) um 1890. Cabinetphotographie von Georg Bartels

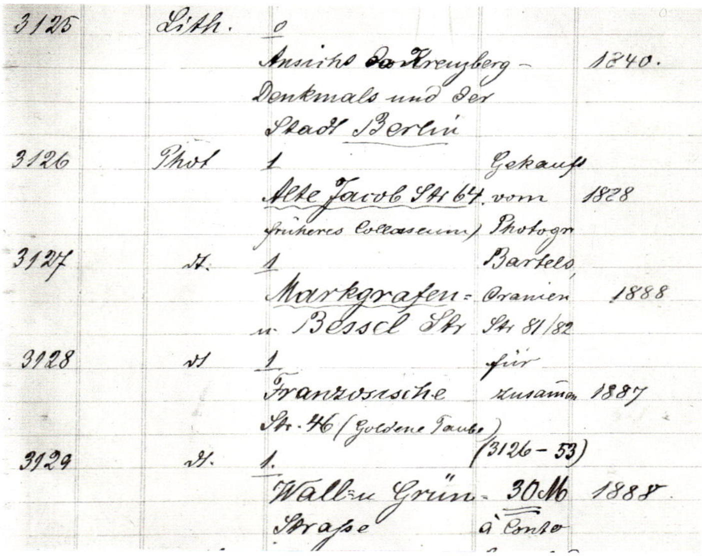

| | | | | |
|---|---|---|---|---|
| 3125 | Lith. | 0 | | |
| | | Ansicht des Kreuzberg-Denkmals und der Stadt Berlin | | 1840. |
| 3126 | Phot. | 1 | Gekauft | |
| | | Alte Jacob Str. 64. (früheres Colosseum) | vom Photogr. Bartels | 1828 |
| 3127 | " | 1 | | |
| | | Markgrafen- u. Bessel Str | Oranien-Str. 81/82 | 1888 |
| 3128 | " | 1 | für | |
| | | Französische Str. 46 (Goldene Taube) | zusamm. | 1887 |
| 3129 | " | 1 | (3126–53) | |
| | | Wallner Grün-Straße | 30 M à Conto | 1888 |

Nachweis für die ersten im Märkischen Provinzialmuseum angekauften Photographien von Georg Bartels. Eintragung vom 6. 5. 1889 im Inventarbuch XI[1] für die Kulturhistorische Abteilung

weiteren Aufnahmen von dergleichen Stelle bei 6,– Mark und bei »Einzelblättern« bei 2,– Mark. Die Anzahl der jährlich von Georg Bartels erworbenen Photographien schwankte beträchtlich. Sie reichte von 25 Photographien im Jahre 1892 für 47,– Mark bis zu 168 Photographien im Jahre 1902 für 943,40 Mark.

Georg Bartels benutzte für seine Aufnahmen eine Plattenkamera, deren Belichtungszeit um 1880 ungefähr drei Sekunden dauerte. Als Papierschichtträger diente ihm nachweislich einmal das seit Ende der 50er Jahre des 19. Jahrhunderts gebräuchliche Albuminpapier und das Kollodium-(Zelloidin)papier, das seit Ende der 80er Jahre des 19. Jahrhunderts industriell hergestellt wurde.[7] Charakteristisch bei Photographien auf Albuminpapier ist die helle bräunliche, warme und weiche Tönung, da dieses Papier schnell vergilbte und blaß wurde. Im Gegensatz dazu zeigte das Kollodiumpapier eine meist tiefere Brauntönung, wirkte härter und dadurch kontrastreicher. Die Positivbilder beider Verfahren wurden der Stabilität wegen auf eine Pappe gezogen. Die meisten Photographien von Georg Bartels hatten mit kleinen Abweichungen eine Größe von 17 x 23 cm. Alle auf eine Pappe aufgezogenen Positive, mit Ausnahme von Panoramen und Cabinetphotographien, waren 30 x 36 cm groß.

In keiner Fachzeitschrift, in keiner Mitteilung der zahlreichen Berliner photographischen Vereine tauchte der Name oder eine Photographie von Georg Bartels auf. Nur ein sehr bescheidenes Firmeninserat im Berliner Adreßbuch bestätigte seine Existenz in Berlin. Seine Photographien befinden sich heute mit rund 850 Aufnahmen zum größten Teil im Märkischen Museum Berlin. 177 Photographien beherbergt das Berliner Stadtarchiv, 3 Photographien ließen sich im Landesarchiv Berlin(West) und einige wenige Photographien im Bezirksamt Kreuzberg, Abt. Gartenbauamt, ermitteln.

Wenn auch die Person Georg Bartels für uns noch weitgehend im Dunkeln liegt, so sind es doch seine Photographien, die ihn aus der bisherigen Anonymität herausreißen. Es ist die Qualität seiner Photographien, die sachliche, aber nicht unpersönliche Berichterstattung über eine Stadt, die Reichshauptstadt geworden war und durch die industrielle Entwicklung sowie durch den enormen Bevölkerungszuwachs in den Jahren zwischen 1871 und 1914 die bisher größten baulichen Veränderungen erfahren hatte.

Vielleicht ist es unsere Unkenntnis über seine Person, die stets bescheiden im Hintergrund zu bleiben schien, nur durch ihre Arbeiten auf sich aufmerksam machend, die Georg Bartels heute für uns auf eine besondere Weise interessant und sympathisch macht.

1 Horst Mauter/Hela Zettler/Christel Lehmann, Berlin in Fotografien des 19. Jahrhunderts. In: Miniaturen zur Geschichte, Kultur und Denkmalpflege Berlins, Nr. 13, Berlin 1985
2 Die Photographische Industrie, 1911, Heft 22, S. 1465 ff.
3 Photographische Mitteilungen, 46. Jahrgang, 1909, S. 87 ff.
4 Museumsakte des Märkischen Museums, IV 89/195 Q
5 Brandenburgia, XIII. Jahrgang, 1904/05, S. 273
6 Brandenburgia, XI. Jahrgang, 1902/03, S. 6f.
7 Untersucht von Frau A. S eg, Mitarbeiterin bei ADN Zentralbild

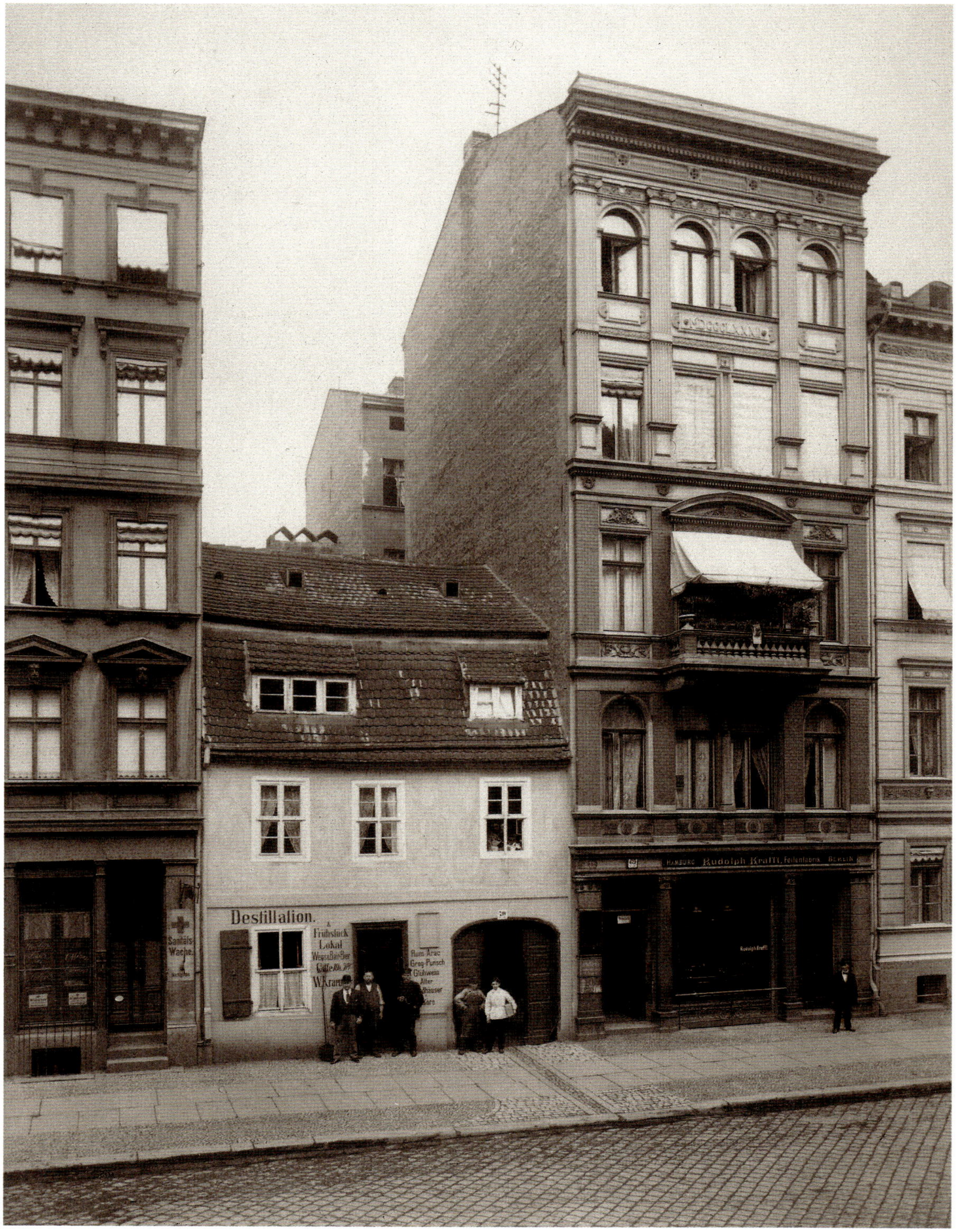


Zimmerstraße 70, 1897

# Georg Bartels' Photographien von Berlin

## Jost Hansen

Georg Bartels' Wirkungsfeld war Berlin. Seine Photographien dokumentieren die Veränderung der Stadt. Durch gezielte Aufträge und aus eigenem Interesse photographierte er für den Abriß vorgesehene Bauten, ganze Straßenzüge, Neubebauungen, Ausflugsziele in und um Berlin und ebenso die ländliche Umgebung, in die sich die Stadt langsam hineinfraß. Bartels führt mit seinen Photographien ein Berlin vor, wie er es erlebte. Eine Stadt, die ihr Aussehen erheblich veränderte, um zur Zeit der Jahrhundertwende in eine Industrie- und Großstadt hineinzuwachsen.

Einiges auf den Photographien wirkt heute noch vertraut, vieles mittlerweile auch unbekannt, und häufig helfen nur Bartels' Angaben von Ort und Zeit, seine Bilder zu lesen. Oft sind skurril wirkende kleine Häuser, eingeklemmt zwischen mehrstöckige Bürger- und Mietshäuser, zu sehen. Diese Häuschen sind aus dem Stadtbild längst verschwunden, und das von Bartels erlebte Straßenbild ist heute kaum vorstellbar, auch wenn sich die Straßennamen nicht geändert haben.

Das trifft besonders auf Darstellungen des Weddings zu. Weder das ländliche Milieu der Müllerstraße noch die Sanddünen in den Rehbergen, dessen feiner Flugsand als Scheuermittel genutzt werden konnte, sind mit dem heutigen Straßen- und Parkbild vereinbar.

Weitere Motive waren Gebäude, Denkmäler und Parks, die wegen ihrer besonderen historischen Bedeutung dokumentiert werden sollten. So auch Kirchen; sie wurden zumeist aus der Höhe benachbarter Häuser photographiert, um den gesamten Bau zu erfassen. Daneben führte Bartels gleichsam die Kamera um das Bauwerk herum, wobei Bilder entstanden, die aus normaler Perspektive fast neugierig die versteckten Teile der Kirche und ihr unmittelbares Umfeld wiedergeben.

Einblicke in Straßen nahm Bartels von verschiedenen Standorten auf. Die engen Straßen machten das Photographieren nicht leicht. Viele wurden wegen der neuen Verkehrsanforderungen verbreitert. Abriß, Neubau, und Erweiterung verliefen in manchen Fällen nicht nacheinander, sondern parallel. In der Abbildung der Lothringer Straße ist ein Beispiel dafür zu finden. Das alte, für den Abriß vorgesehene Fachwerkhaus befindet sich auf der Höhe des Bürgersteiges vom daneben gelegenen Mietshaus.

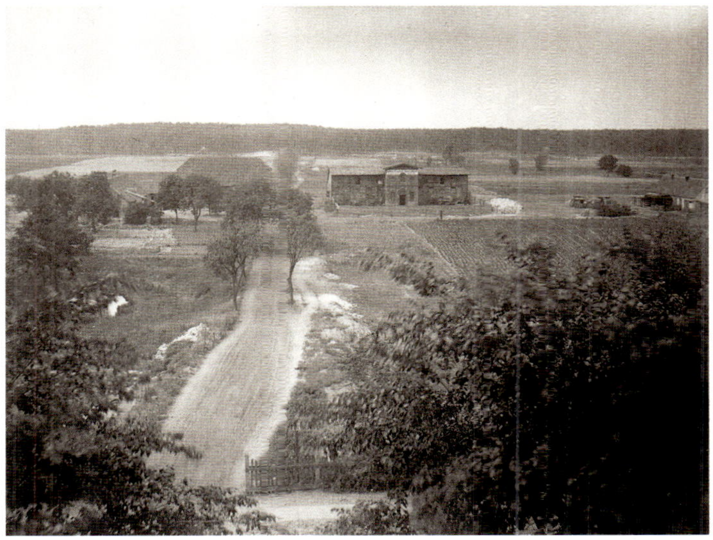

Müllerstraße 112 (nordwestliche Rehberge, von Müllerstraße 66 aus), 1893

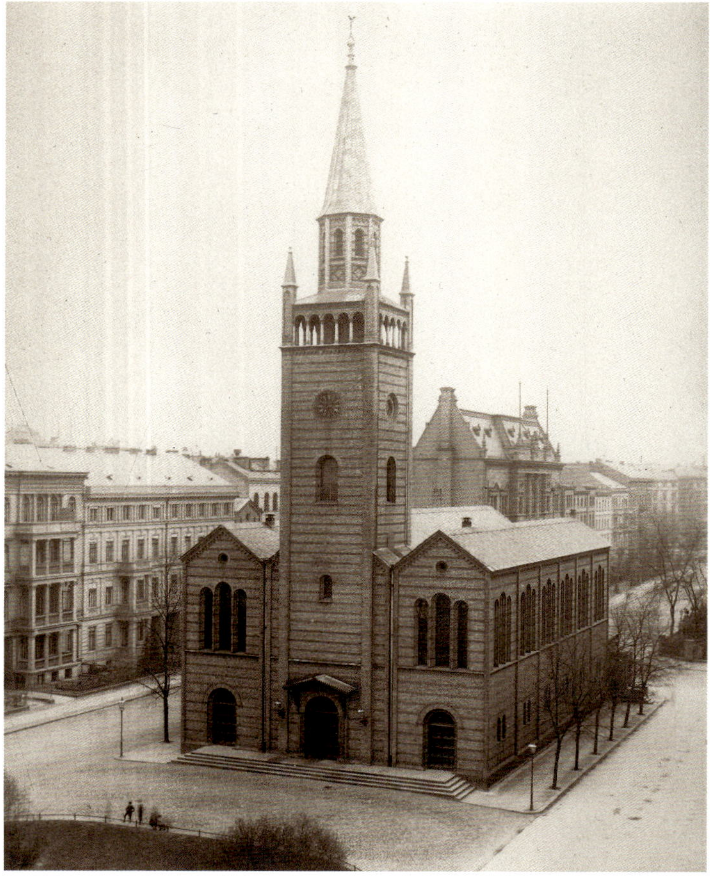

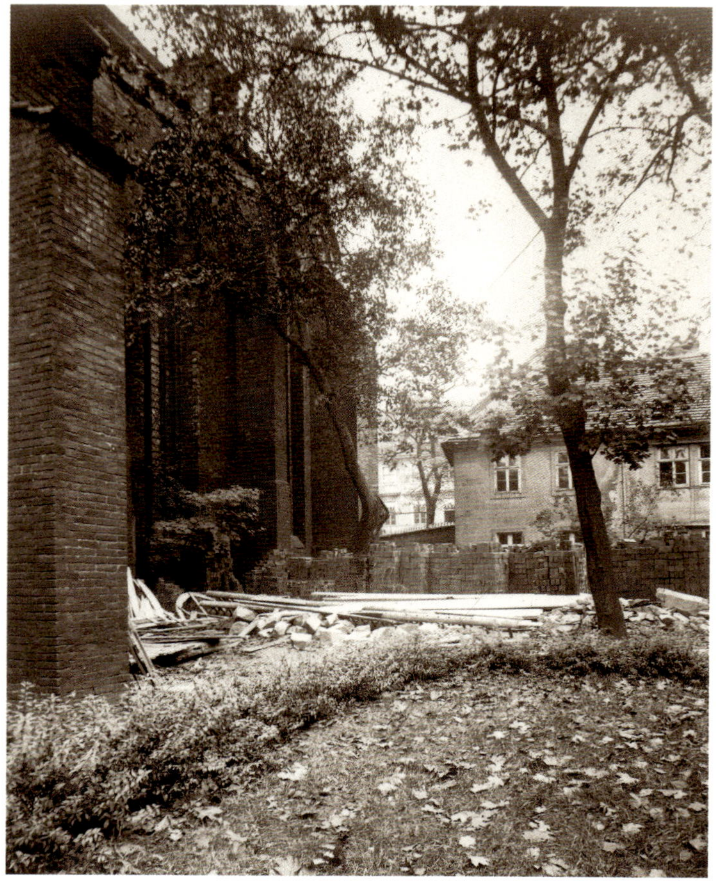

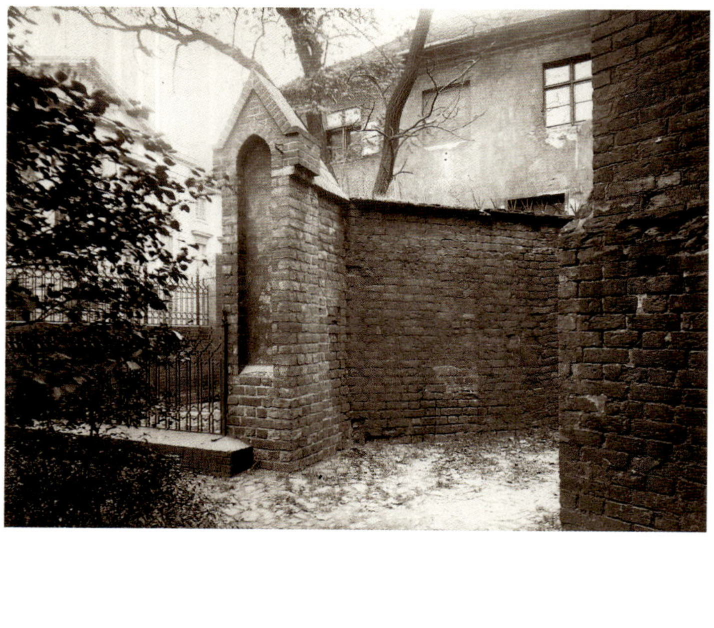

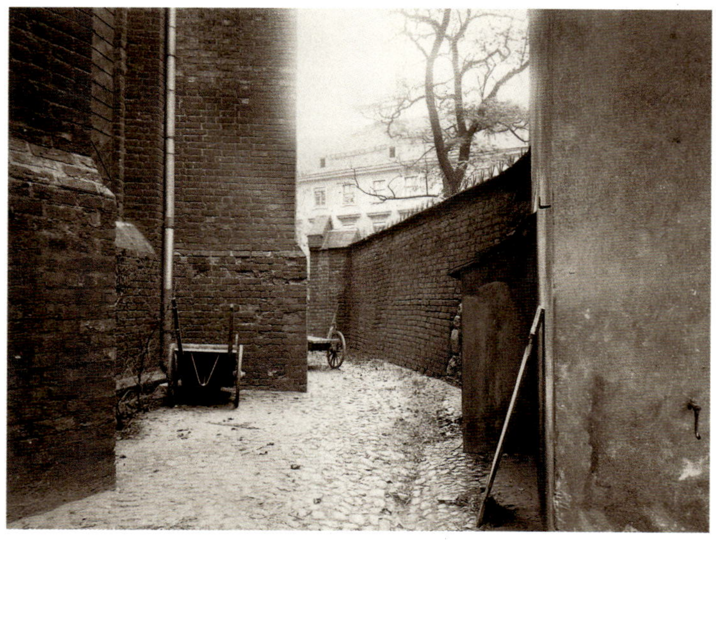

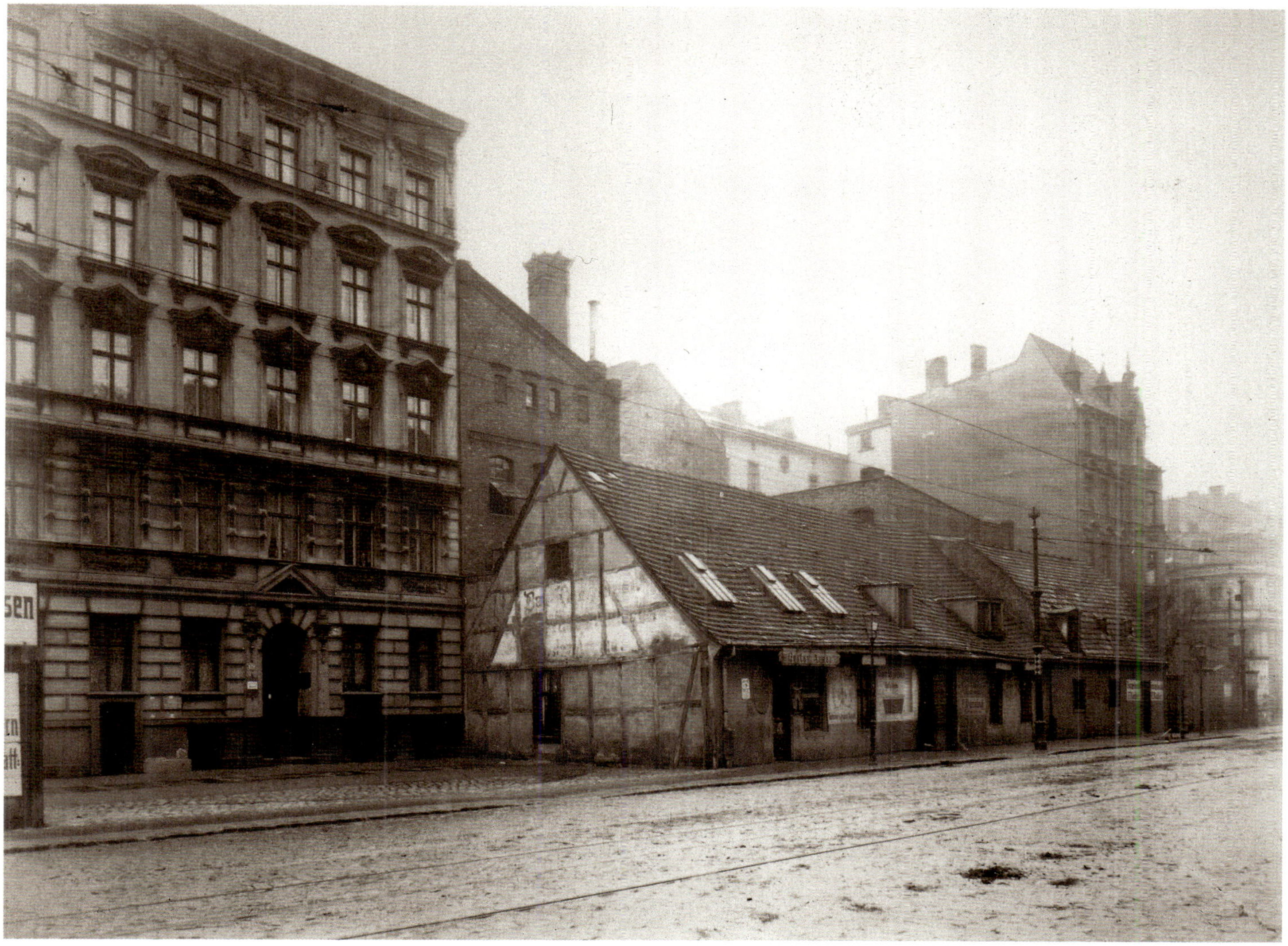


*oben* Lothringer Straße 83–86, 1905

*gegenüberliegende Seite von oben nach unten*
Matthäi-Kirche, 1894; Küsterhaus hinter der Klosterkirche, 1900; Stadtmauer und Küsterhaus hinter der Klosterkirche, 1900; Stadtmauer hinter der Klosterkirche, 1900

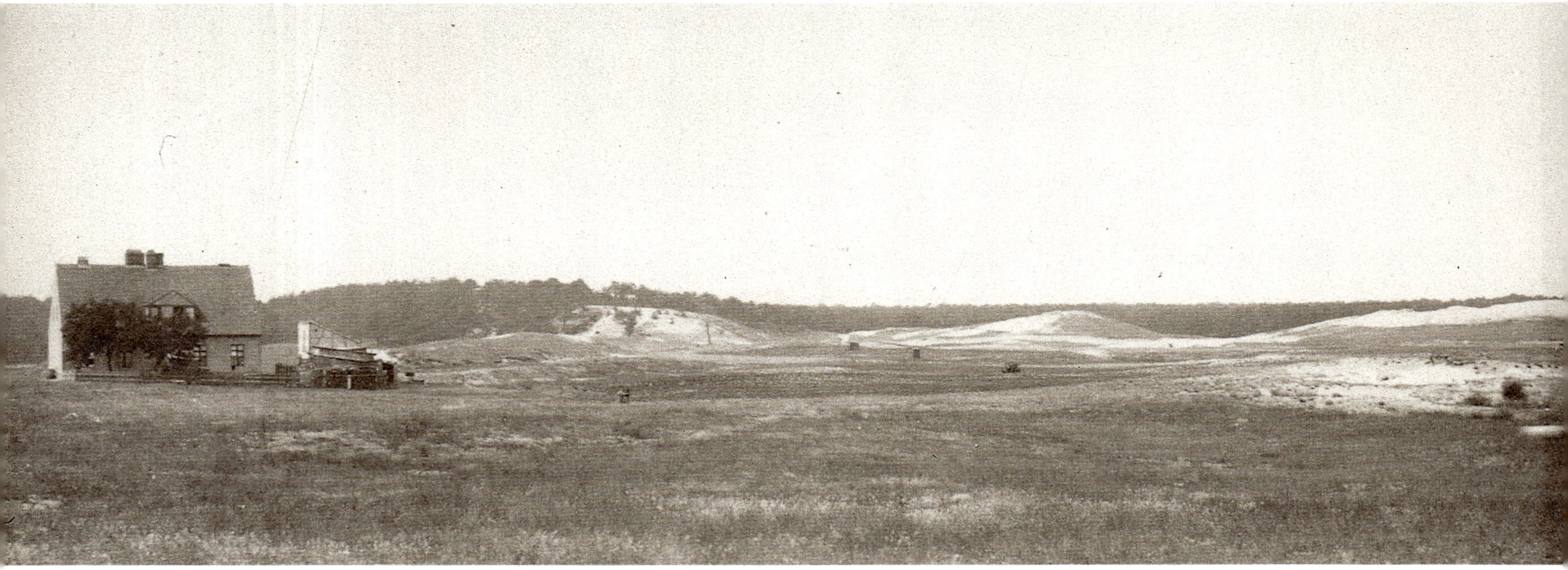

*oben* Blick von der Müllerstraße 110 auf die nordwestlichen Rehberge, 1893

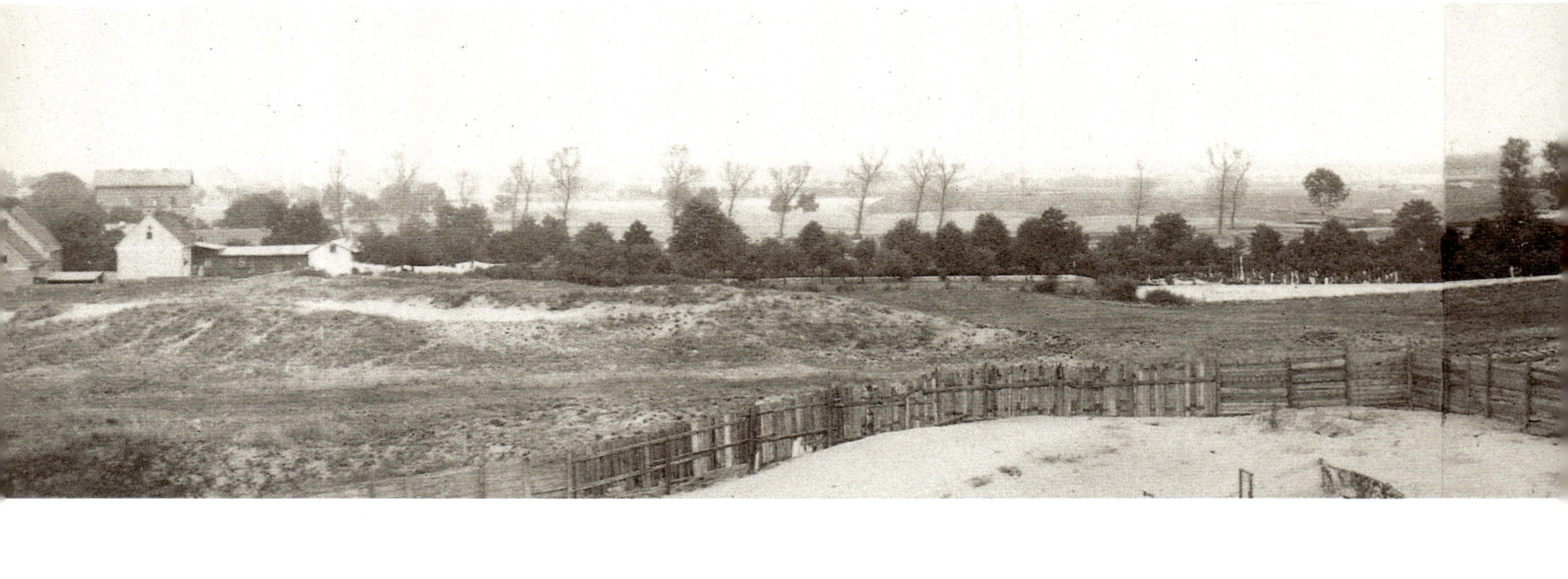

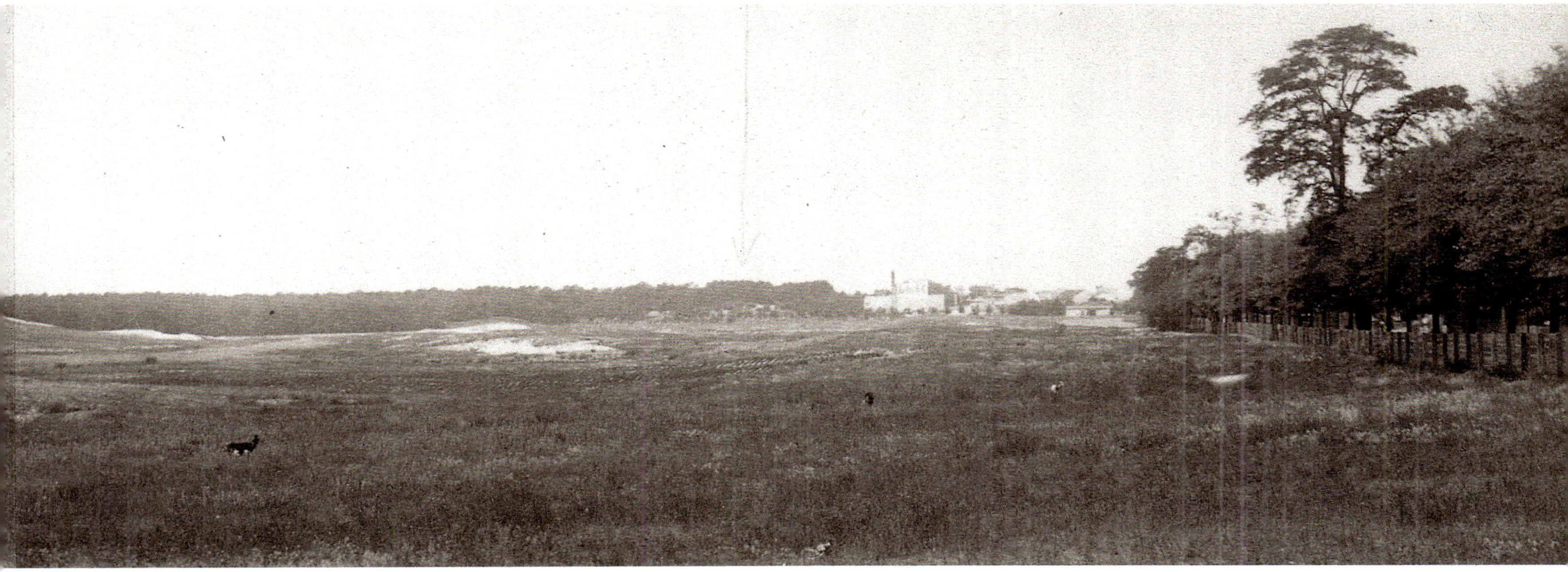

*unten* Blick vom Hause Schöningstraße 3 in Richtung Norden (nach Reinickendorf), 1893

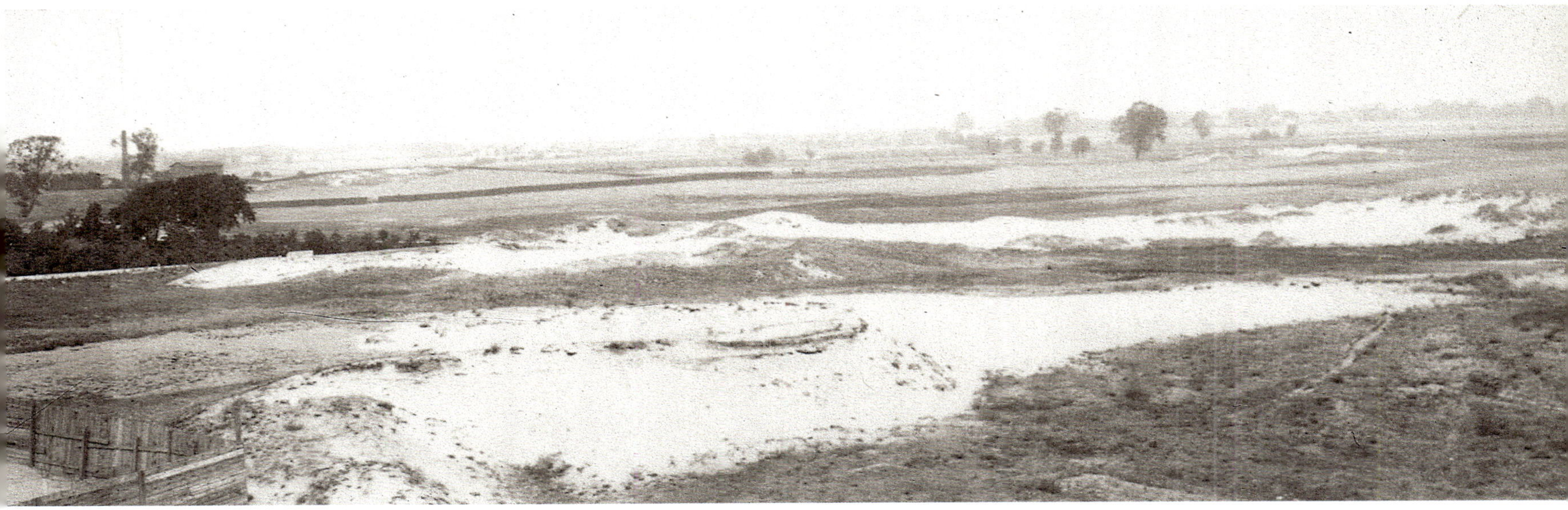

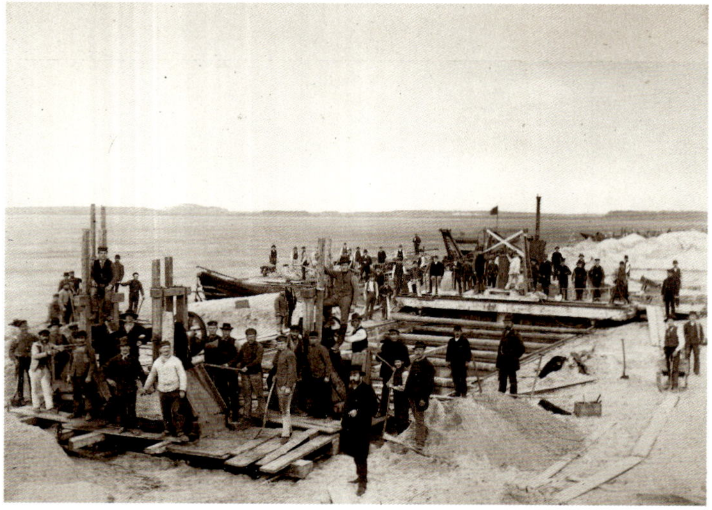

Städtische Wasserwerke am Müggelsee bei Friedrichshagen im Bau, 1890

Ein Photograph war zu Bartels' Zeit etwas Ungewöhnliches im Straßenbild. Er fiel sofort auf, seine Ausrüstung war nicht zu übersehen. Kinder schauten neugierig in die Kamera, die Erwachsenen posierten. Richtete Bartels seine Kamera auf ein bestimmtes Haus, stellten sich die Leute stolz davor oder zeigten sich in den Fenstern, um den Bezug zu ihrem Haus deutlich zu machen.

Die langen Belichtungszeiten ließen momenthafte Situationsabbildungen nur unter bestimmten Bedingungen zu. Sich bewegende Menschen oder fahrende Verkehrsmittel erscheinen als Schatten; verharrten sie während der Belichtung einen Moment in Ruhe, wurden sie auf den Photos zu geisterhaft durchsichtigen Erscheinungen. So ist der damals technische Mangel beim heutigen Betrachten zu einem interessanten Effekt geworden.

Für eine Photographie, die ein Baugeschehen dokumentieren sollte, wurde eine Situation inszeniert. Die Arbeiter posierten mit ihren Werkzeugen in der Hand vor der Kamera. An der Kleidung sind soziale Unterschiede erkennbar.

Alle Gegenstände und Personen – sofern sie sich nicht bewegten – sind von erstaunlicher Schärfe. Das Aufnahmematerial war sehr feinkörnig, die Kontaktabzüge von den großen Platten sicherten die getreue Umsetzung, und selbst die kleinsten Details sind erkennbar.

Bartels Photographien unterscheiden sich von den Architekturphotographien seiner bekannten Berliner Zeitgenossen Schwartz und Rückwardt. Sie haben nicht die strenge Sachlichkeit der Architekturdarstellung. Bartels' Photographien wirken belebter und versuchen, soweit es die technischen Bedingungen ermöglichten, einen Teil der Atmosphäre der gezeigten Gegenden wiederzuspiegeln. Sie enthalten erzählerische Momente, die helfen, diese vergangene Zeit zu verstehen und nachzuempfinden.

Seine Photos haben qualitätvollen Bildcharakter. Sie weisen auf einen geschulten Blick. Wo Bartels diese Schulung erhielt, läßt sich nicht genau eruieren. Auch als eingeschriebenes Mitglied einer photographischen oder künstlerischen Vereinigung, die u.a. bildästhetische Richtlinien herausgaben, taucht sein Name nicht auf. Bartels hatte eine besondere Begabung in der Wahl photographischer Ausschnitte, die zu alleinstehenden malerischen Motiven wurden, und einen Sinn für angenehme klare Linienführung. In ihrer gesamten Präsentation von Motivwahl, technischer Ausführung sowie Haltbarkeit zeugen diese Bilder von der Solidität seines photographischen Handwerks. Bartels' Arbeiten haben nicht nur dokumentarischen Wert, sie sind darüber hinaus interessante, ansprechende photographische Bilder.

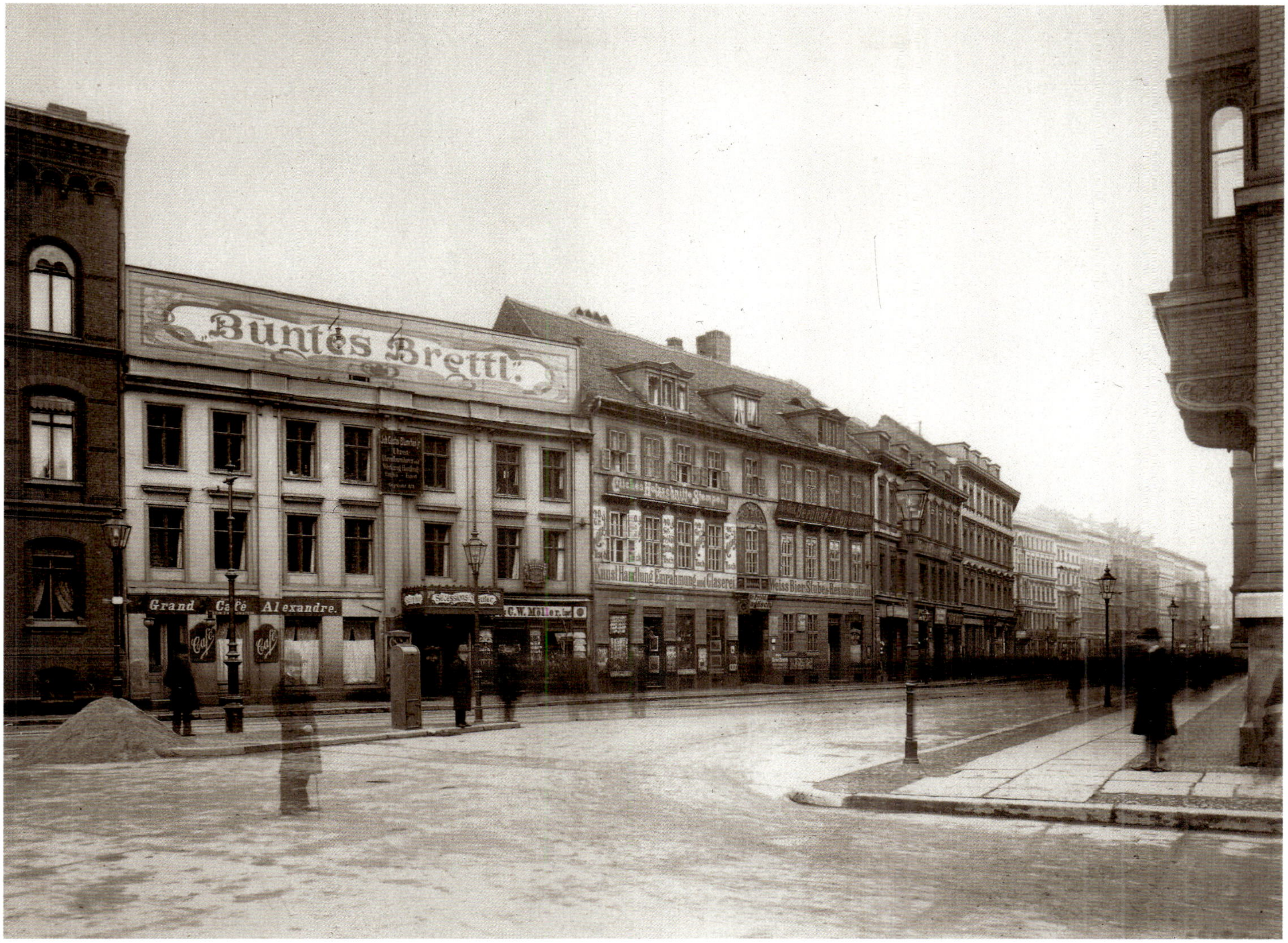


Alexanderstraße 40–36, 1902

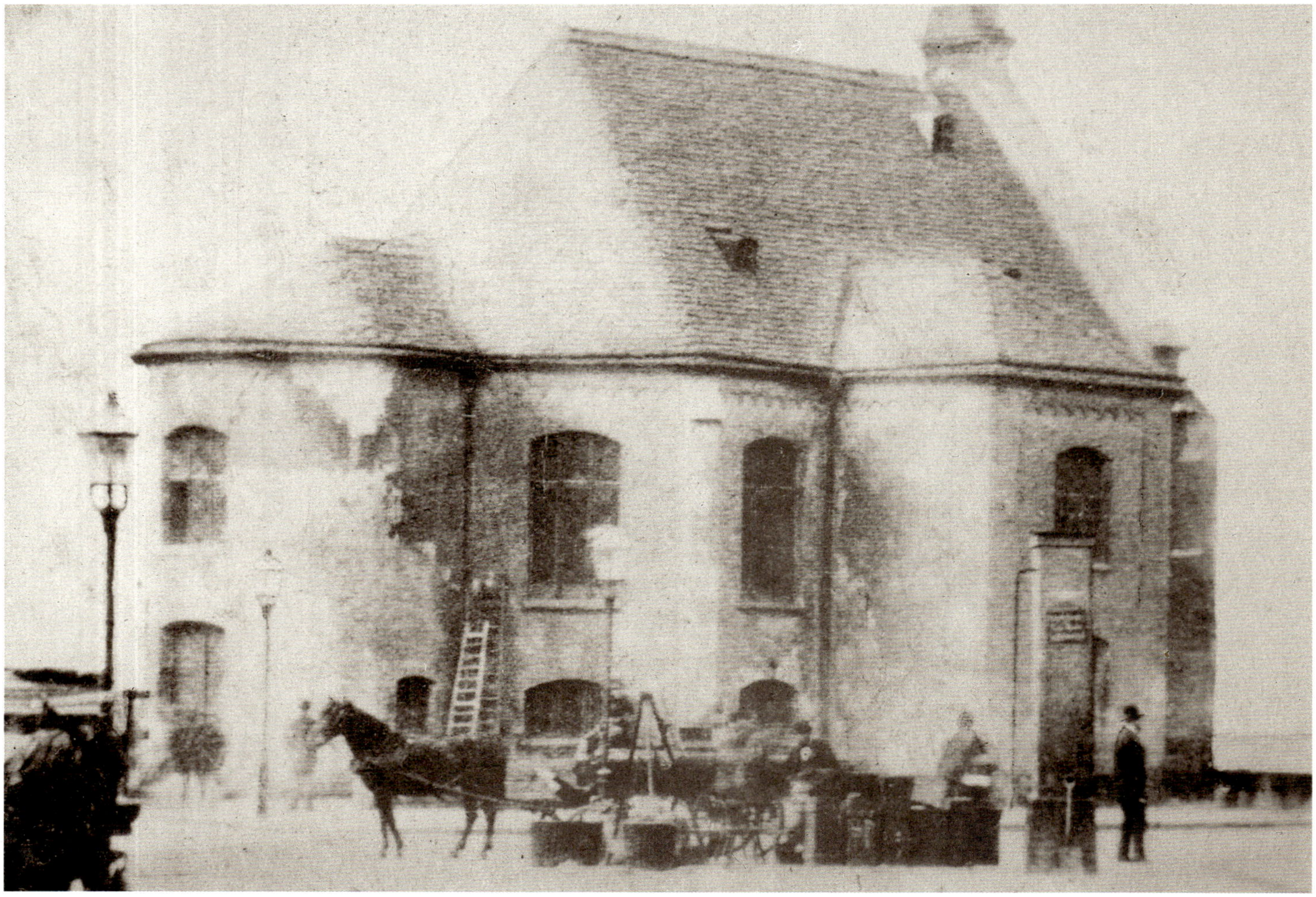

St. Gertraudenkirche auf dem Spittelmarkt, 1860

# Photographien als Sammlungsgegenstand
# Beispiele aus dem Märkischen Museum

Hela Zettler

Das Sammeln wertvoller Gemälde, Grafiken, Möbel oder Urkunden läßt sich jahrhundertelang zurückverfolgen. Reichhaltige Bestände in den Museen und Archiven sind das Ergebnis einer solchen Tätigkeit. Als eine der jüngsten Erfindungen fand die Photographie nur zögernd Zugang zu diesen gewachsenen Sammlungen. Und selbst als sie auf Ausstellungen gezeigt wurde, bereits im Dienst von Wissenschaft,Industrie und Werbung stand, wurde das Sammeln und Bewahren photographischer Erzeugnisse noch lange Zeit vernachlässigt. Dies änderte sich erst, als die Photographie einen erhöhten Stellenwert erhielt. Ansätze dafür drückten sich in Berlin in den 80er Jahren des 19. Jahrhunderts in dem Bemühen aus, ein Museum zur Entwicklung der Photographie zu gründen. Dabei spielte gewiß die Tatsache eine Rolle, daß Berlin Bedeutendes zur Entwicklung der Photographie beigetragen hatte.

Angespornt durch eine ähnliche Museumsgründung in Paris machten Mitglieder des Photographischen Vereins zu Berlin 1881 auf eine reiche Sammlung von Lichtbildern aufmerksam, die – bisher unzugänglich und vernachlässigt – der Grundstock für ein solches Museum werden sollte.[1] Unverständnis und Gleichgültigkeit ließen dieses Vorhaben jedoch im Keim ersticken.

Indessen war im Zuge eines gewachsenen bürgerlichen Geschichtsbewußtseins 1874 das Märkische Provinzialmuseum gegründet worden, das sich Jahre später auch der Sammlung von Photographien annahm. Heute kann das Museum auf eine Sammlung von ca. 17000 Photographien verweisen. Darunter befinden sich 39 Daguerreotypien, eine große Anzahl Photographien von bedeutenden Persönlichkeiten aus allen gesellschaftlichen Bereichen, Architekturphotographien, Industrieansichten, Genre- und Landschaftsaufnahmen, Photographien von historischen Ereignissen.

Der Schwerpunkt der Sammlung besteht aus Aufnahmen der Jahre 1880 bis 1910. Als Photographen sind besonders vertreten F. Albert Schwartz, Hermann Rückwardt, Georg Bartels, Hugo Rudolphy und Max Missmann. Während die Arbeiten von F. Albert Schwartz und Max Missmann in Veröffentlichungen gewürdigt wurden, steht dies bei den anderen, die keinen geringeren Anteil an einer stadtgeschichtlichen Dokumentation für Berlin hatten, noch aus.

Das Inventarbuch des Märkischen Provinzialmuseums XI[1] für die Kulturhistorische Abteilung mit den Eintragungen der in den Bestand des Hauses aufgenommenen Exponate für die Jahre 1874 bis 1894 gibt uns Aufschluß über die ersten Photographien, die den Grundstock für die heutige Sammlung bildeten. Dabei ist bemerkenswert, daß in den ersten Jahren Kupferstiche, Holzschnitte, Stahlstiche, Photographien und Urkunden dem Museum von Privatpersonen und Institutionen vorwiegend als Geschenk überreicht wurden. Es scheint sich um Exponate zu handeln, die sporadisch und ohne besondere Sammlungskonzeption vom Haus aufgenommen wurden. Der einzige Grund ihrer Aufnahme war das Thema »Mark Brandenburg« und »Berlin«.

Im Oktober 1886 wurden erstmals mehrere Photographien von F. Albert Schwartz angekauft. Sie bildeten den Ansatz für eine gezielte Sammlungsarbeit. Ein durch einen Magistratsbeschluß festgelegter Etat stellte für den Ankauf von Lichtbildern jährlich 1000–1500 Mark zur Verfügung. Dabei kostete jede

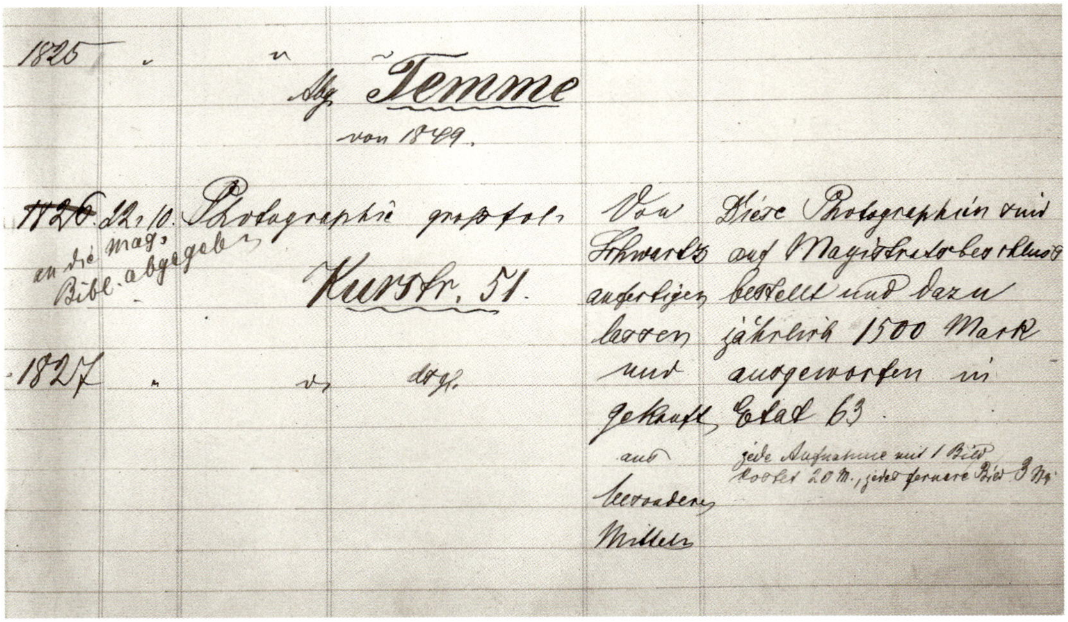
1825 Temme
von 1849.
1826 22.10. Photographie Kurstr. 51.
an die Mag. Bibl. abgegeben
1827
Von Schwartz anfertigen lassen und gekauft aus besonderen Mitteln
Diese Photographien sind auf Magistratsbeschluss bestellt und dazu jährlich 1500 Mark ausgeworfen in Etat 63
jede Aufnahme mit 1 Bild kostet 20 M., jedes fernere Bild 3 M.

Nachweis für die ersten im Märkischen Provinzialmuseum angekauften Photographien von F. Albert Schwartz. Eintragung vom 13. 10. 1886 im Inventarbuch XI[1] für die Kulturhistorische Abteilung

Hauptaufnahme von einer Stelle 20,– Mark, weitere Aufnahmen von der gleichen Stelle 10,– Mark und »Einzelblätter« 1,50 bis 3,– Mark.[2]

Welche Gesichtspunkte spielten nun beim Erwerb von Photographien damals eine Rolle? Die BRANDENBURGIA, Monatsblatt der Gesellschaft für Heimatkunde der Provinz Brandenburg zu Berlin, gab in einem Bericht des XI. Jahrgangs 1902/03 über die Sammlung aktuell-geschichtlicher Photographien im Märkischen Provinzialmuseum Auskunft. Demnach erschien dem Museum anfangs das Sammeln von Ansichten derjenigen Häuser und Prospekte als wichtig, die – aus welchen Gründen auch immer – einer Veränderung entgegensahen. Laut Bericht wurden diese Photographien von dem Mitglied der BRANDENBURGIA, Herrn Photograph Bartels, mit »Umsicht und Geschicklichkeit« aufgenommen und je ein Exemplar im Museum bzw. im städtischen Archiv hinterlegt. Ein Umdenken und ein Maß an historischer Weitsicht und Verantwortung ließ sich an einer beschriebenen Bereiterklärung des Magistrates erkennen, auch Photographien von Vorgängen und Ereignissen anzufertigen, die für die Nachwelt wichtig sein könnten. Die Photographie war als historischer Sachzeuge erkannt worden und wurde geschätzt. Wurden also bisher Photographien zum Zeitgeschehen nur vereinzelt gesammelt, so stellte sich das Märkische Provinzialmuseum jetzt direkt die Aufgabe, aktuelles Zeitgeschehen in Photographien für die Nachwelt festzuhalten. Zu diesem Zweck hatte sich das Museum mit zwei angesehenen Photographenateliers, das von Zander & Labisch und das von Ottomar Anschütz in Verbindung gesetzt, um durch sie in den Besitz einer Auswahl von guten aktuellen Photographien zu gelangen.[3]

Dem Einverständnis des Magistrates, den Ankauf der Photographien auf aktuelle Ereignisse auszudehnen, muß ein Drängen von geschichtsbewußten Bürgern vorausgegangen sein, die den Wert der Photographie als Geschichtsquelle erkannt hatten. Stellvertretend sei hier Franz Goerke, Direktor der Urania und Vorstandsmitglied der Freien Photographischen Vereinigung zu Berlin, genannt. Auf der 11. (4. ordentliche) Versammlung des XII. Vereinsjahres der Gesellschaft für Heimatkunde am 28. 10. 1903 sprach er über »Die Photographie im Dienste der Heimatkunde«. In seinem Beitrag, der auch in der BRANDENBURGIA veröffentlicht wurde, stellte Goerke fest, daß mit der wachsenden Bedeutung der Photographie auch die Zahl ihrer Freunde und die der photographischen Vereine wuchs. Es wäre jedoch an der Zeit, die Arbeit in ein »fruchtbringendes, ruhiges Fahrwasser zu leiten« und die Photographie in den Dienst der Allgemeinheit zu stellen. Als Beispiel wurde ein »Verein von Freunden der Photographie« in Braunschweig genannt, der ein Sammelwerk braunschweigischer Aufnahmen angefertigt hatte. Ähnliches forderte Goerke von Berliner Vereinen, die mit ihren Photographien Berliner Verhältnisse und die der Provinz näher beleuchten sollten.

Franz Goerke hob die Bedeutung der Photographie als historisch unanfechtbares Dokument hervor, das für das Studium der Geschichte und Kulturgeschichte beredter sprechen könnte als manche schriftlichen Quellen. Er vermittelte Anregungen betreffs der Sammlung von Photographien und gab der Befürchtung Ausdruck, daß die landeskundlichen Vereine das Sammeln von Photographien nicht systematisch betreiben würden. Die Zeit voraussehend, in der die Photographie einen großen Wert für die Historiker erhält, forderte er von den Vereinen eine systematisch betriebene Sammlungstätigkeit und die Errichtung von photographischen Archiven.[4]

Da die Brandenburgia unter Mitwirkung des Märkischen Provinzialmuseums herausgegeben wurde, werden die Gedanken und Forderungen von Franz Goerke nicht ohne Auswirkung auf die Sammlungstätigkeit des Museums geblieben sein. Einen Einblick in Aktivitäten des Museums beim Erwerb von Lichtbildern gaben hier Aufzeichnungen aus Museumsakten, bezogen auf ein Schreiben von dem Porträt- und Historienmaler Prof. Curt Stoeving im November 1909 an den Berliner Bürgermeister Dr. Georg Reicke. Angeregt durch eine Ausstellung von Hamburger Kunstphotographen im Kunstgewerbemuseum versuchte Prof. Curt Stoeving zu veranlassen, daß auch das Märkische Provinzialmuseum in ähnlicher Weise wie die Stadt Hamburg künstlerische Photographien sammelt. Im Hinblick auf diesen Brief haben die Museumsmitarbeiter – sicher nicht ohne Genugtuung – darauf verwiesen, daß das Museum schon seit gut zwanzig Jahren Berlin-Photographien erwarb und danach erst andere Städte folgten. Es wurde betont, daß von ca. 1885 bis 1905 aus einem eigens dazu bestimmten Fonds Photographien gekauft wurden. Dieser Ankauf war systematisch erfolgt, anfangs durch Arbeiten von F. Albert Schwartz und Hermann Rückwardt, später wurden andere Photographen hinzugezogen. Nicht alle diese Arbeiten könne man als »künstlerisch« bezeichnen. Jedoch würden die erworbenen Aufnahmen für den gewünschten Zweck und für das Bedürfnis völlig ausreichen, zumal der Etatfonds für ausschließlich künstlerische Photographien nicht ausgereicht hätte. Im Endergebnis konnte festgestellt werden, daß das Märkische Provinzialmuseum Ende 1909 eine Anzahl von etwa 3.500 Photographien zusammengetragen hatte. Zur Fortsetzung für den weiteren qualitätvollen Ankauf von Photographien gründete das Museum im Januar 1910 zwei Kommissionen, die für den Ankauf von Aufnahmen a) nach ortsgeschichtlichen Gesichtspunkten, b) nach architektonischen Gesichtspunkten zuständig waren.[5]

1 Photographisches Wochenblatt, 17. Jahrgang, 1881, S. 247; 330
2 Museumsakte des Märkischen Museums, IV 89/195 Q
3 Brandenburgia, XI Jahrgang 1902/03, S. 6f
4 Brandenburgia, XII Jahrgang 1903/04, S. 378ff
5 Museumsakte des Märkischen Museums, IV 89/195 Q

# Vom Sammlungsobjekt zum Ausstellungsgegenstand der Museen

Sigurd Schmidt

Georg Bartels gehört noch zu der ersten Generation Berliner Photographen, die sich mit der Abbildung zum Abbruch bestimmter Häuser und Straßenviertel eine feste finanzielle Einnahmequelle aus kommunalen Berliner Haushaltsmitteln zu verschaffen wußten.

Besonders nach 1871 setzte in der Hauptstadt des Deutschen Reiches eine »über alle Erwartungen gesteigerte Baulust in Berlin ein«, »welche die ältesten Stadtgegenden schnell und durchgreifend in ihrer Physiognomie« veränderte.[1]

Diese außerordentliche Bautätigkeit vollzog sich an solchen Teilen der Stadt, die »künstlerisches oder historisches Interesse« in Anspruch nahmen.[2] Der für Denkmalpflege zuständige Minister von Gossler fand die Abrißtätigkeit bedauerlich, hielt es aber für ausgeschlossen, »der Privatbautätigkeit vom Standpunkt des konservatorischen Interesses Beschränkungen aufzuerlegen«.[3]

Der Abbruch des künstlerisch und historisch wertvollen Baubestandes Berlins fiel zeitlich zusammen mit dem zunehmenden Interesse der Kunstgeschichte an den Baudenkmälern vor allem des 18. Jahrhunderts. Da nicht in allen Fällen der Denkmalbestand zu retten war, richteten Kunsthistoriker und Denkmalpfleger ihr Interesse auch auf die photographische Abbildung der gefährdeten Bausubstanz. So forderte Wilhelm von Bode, der Direktor der Königlichen Museen, auf einer Konferenz im Berliner Rathaus, besonders »die guten charakteristischen Bürgerhäuser des vorigen Jahrhunderts in ihrer geschichtlichen Eigenart bildlich der Nachwelt zu erhalten«.[4]

Solche Forderungen in Form von Kupferstichen, Lithographien, Aquarellen und Photographien führten zu einer Bestandsaufnahme der im Berliner Stadtarchiv, in der Magistratsbibliothek, dem Märkischen Provinzialmuseum, dem Staatsarchiv Potsdam, im Berliner Geschichts- und Architektenverein vorhandenen Zeichnungen aller Art.

Märkisches Museum, Magistratsbibliothek und der Berliner Geschichtsverein veranstalteten am 8. Februar 1886 im Berliner Rathaus eine Ausstellung derjenigen Bilder und Prospekte des alten Berlin, zumeist Photographien, die in den letzten Jahren aufgenommen worden waren. Diese zur Information der Kommunalbehörden bestimmte Exposition sollte Anregungen geben, »nach welchen Richtungen hin Ergänzungen hinsichtlich systematischer Aufnahme von Gebäuden und Ansichten von Stadtgegenden im Wege der Photographie oder des unveränderlichen Lichtdruckes stattfinden« sollten.[5]

Der Magistrat ordnete an, für die Aufnahme von einzelnen Häusern, Straßenprospekten, Platz- und Brückenprospekten, charakteristische Ansichten ganzer Stadtteile 1.500,– Mark im Jahresetat des Märkischen Provinzialmuseums zu berücksichtigen. Auftraggeber für solche Aufnahmen wurden die Baudeputation des Magistrats, das Märkische Provinzialmuseum und die Preußische Bau- und Finanzdirektion. Der finanzielle Rahmen war gegeben. Auf der Grundlage der Abrißgenehmigung der Baupolizei waren fortan Photographen wie Schwartz, Rückwardt, Bartels und andere unterwegs und wurden Bildchronisten eines inzwischen versunkenen Berlins.

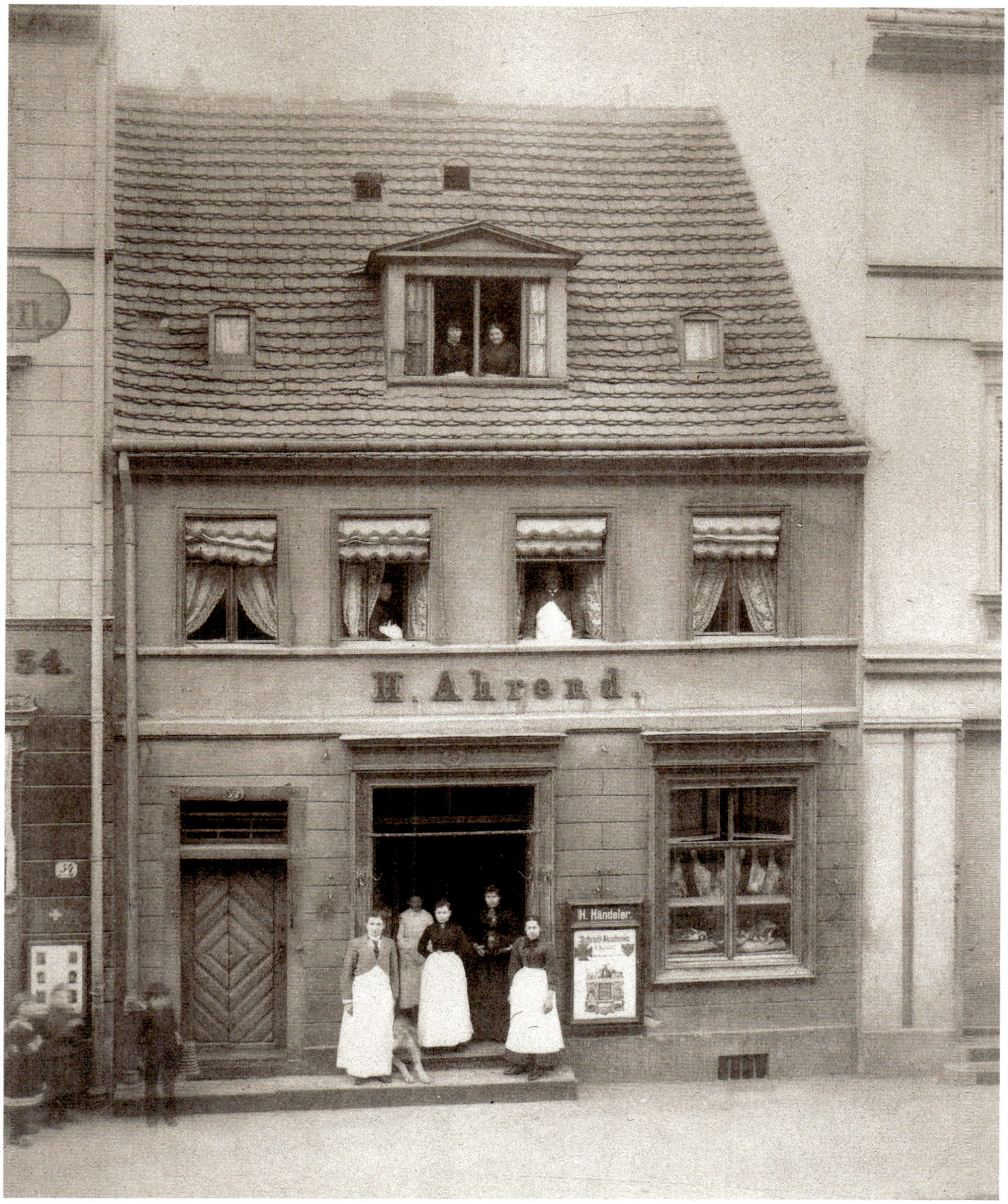


Landsberger Straße 53, 1892

1 Bericht des Magistrats von Berlin an das Polizeipräsidium Berlin vom 12. März 1886. Stadtarchiv Berlin, Rep. 10, Nr. 16355

2 Weisung des Ministeriums für geistliche Unterrichts- und Medicinalangelegenheiten an das Polizeipräsidium Berlin vom 22. Dezember 1885. Stadtarchiv Berlin, Rep. 10, Nr. 16355

3 Ebd.

4 Protokoll einer Konferenz beim Bürgermeister vom 4. Januar 1889. Ebd.

5 Berliner Tageblatt vom 30. Januar 1886. Erste Beilage, S. 4

# Tafelteil

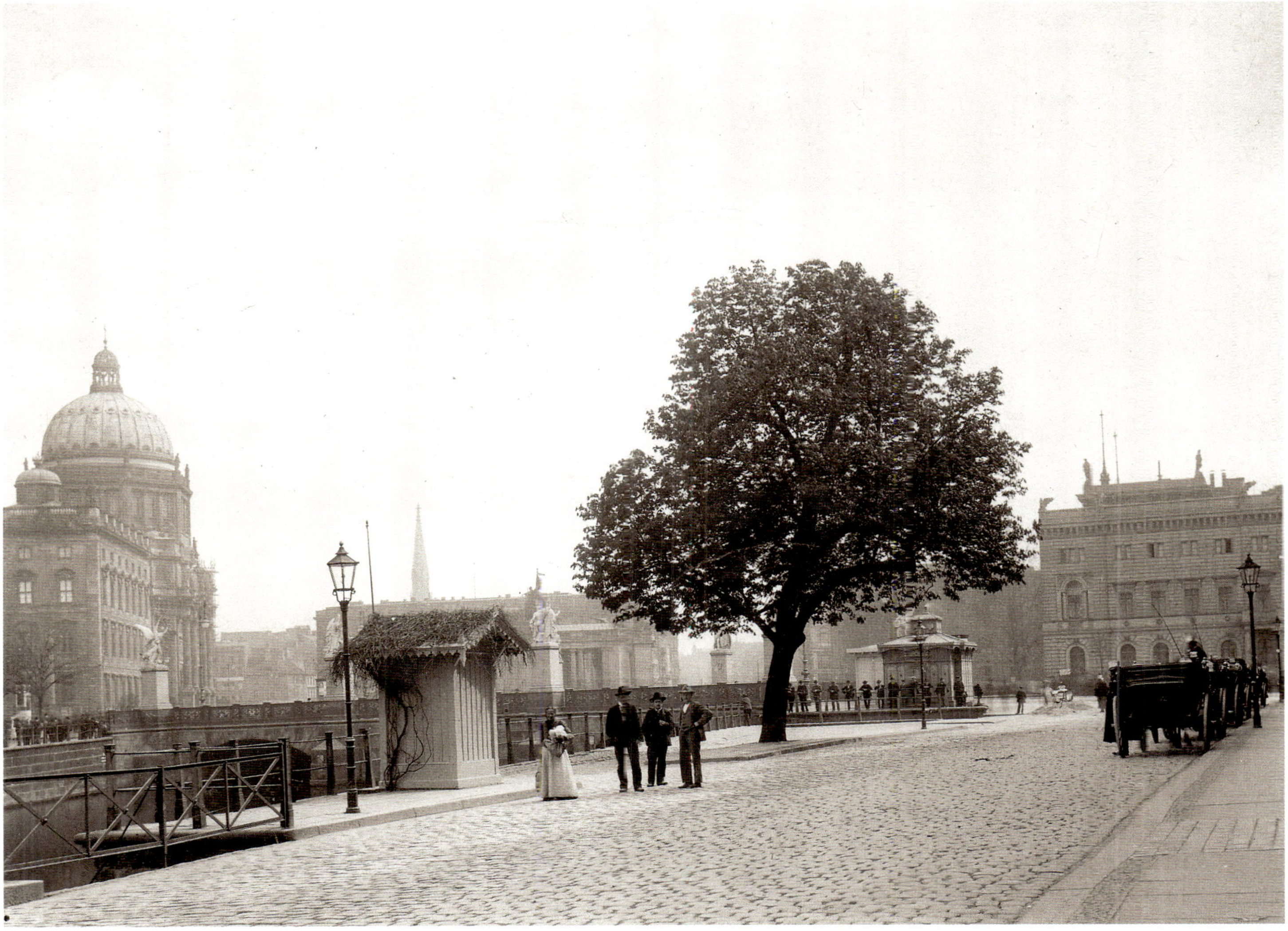

Am Zeughaus mit Blick über die Schloßbrücke. Links ein Teil des Berliner Schlosses, im Hintergrund der Turm der Petrikirche. (Mitte)
1904

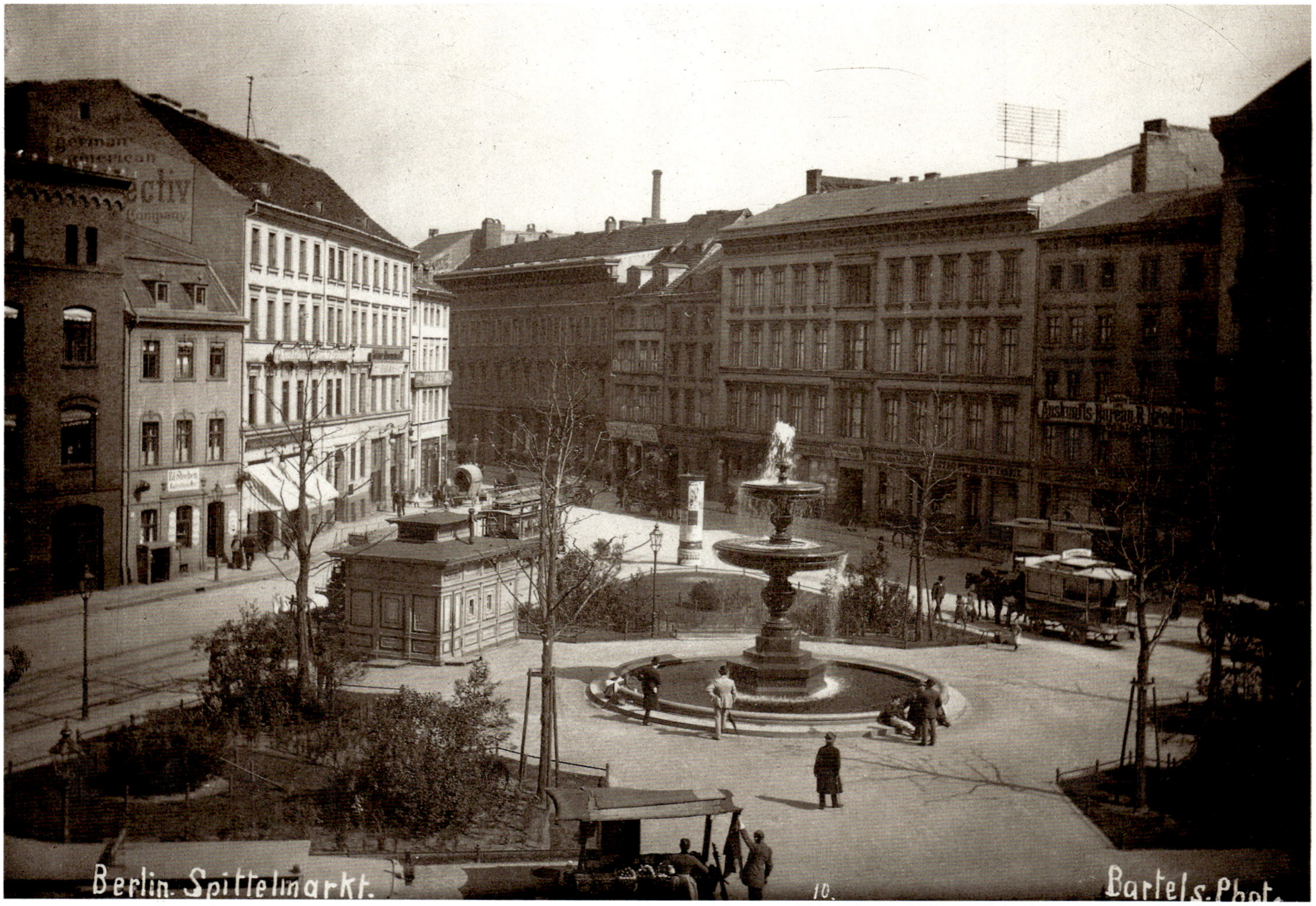


Spittelmarkt mit Spindlerbrunnen und einem Blick in die Wallstraße. (Mitte)
um 1890

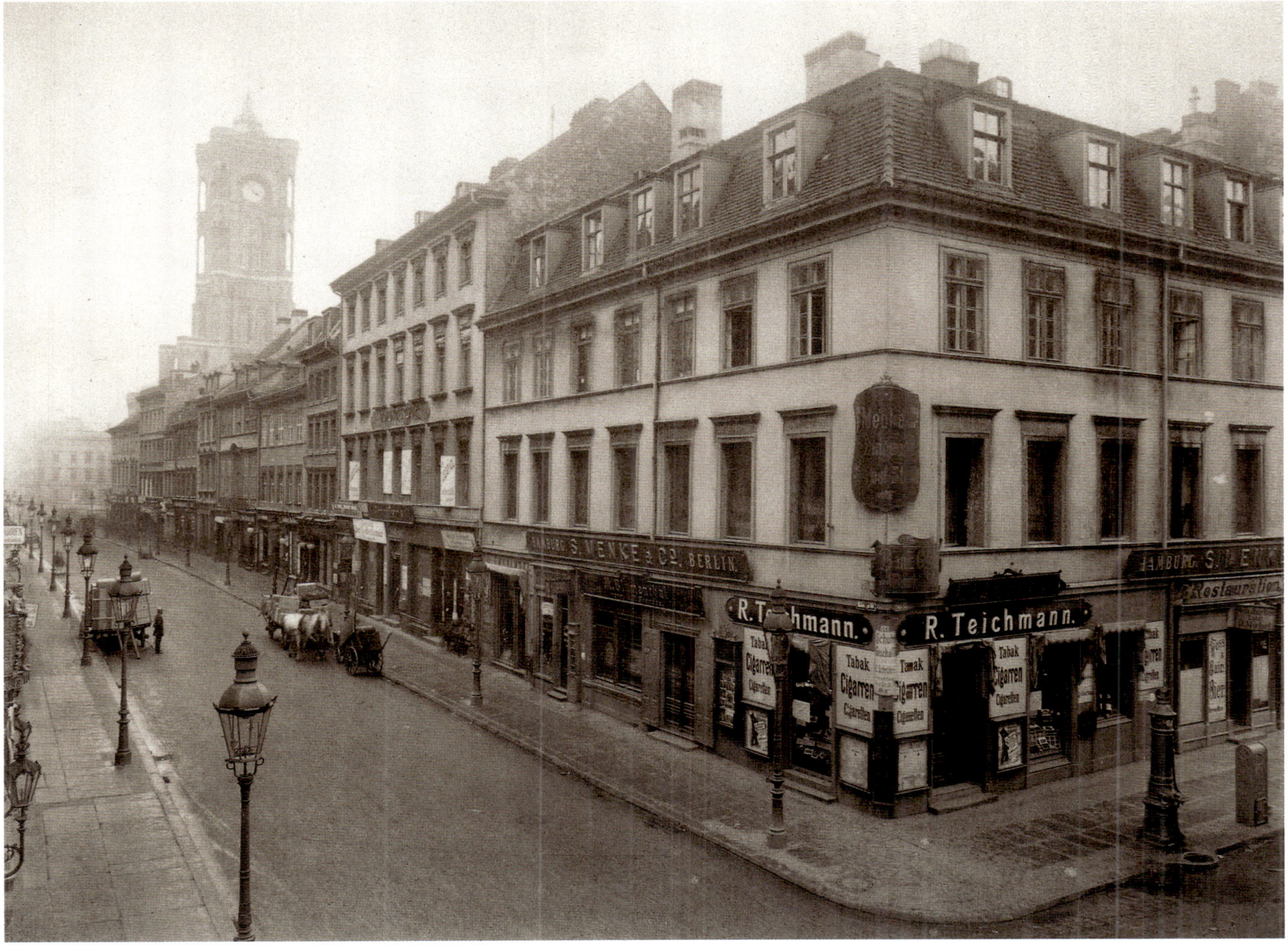


Königstraße/Ecke Poststraße mit Blick zum Roten Rathaus (Mitte)
1896

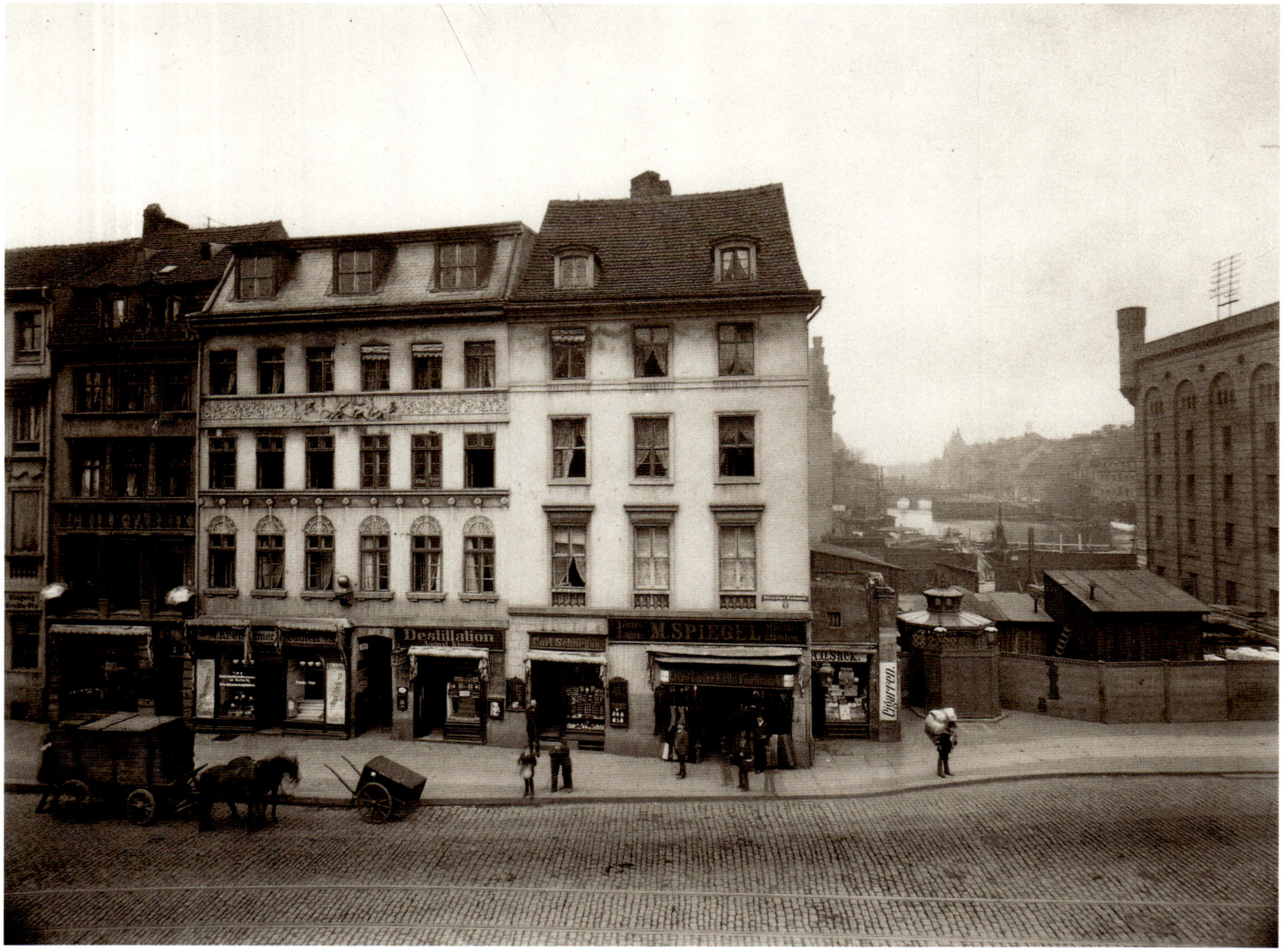


Köllnischer Fischmarkt 1–3 mit einem Durchblick zur Burgstraße. Rechts ein Teil des Dammühlen-Gebäudes sichtbar. (Mitte)
1889

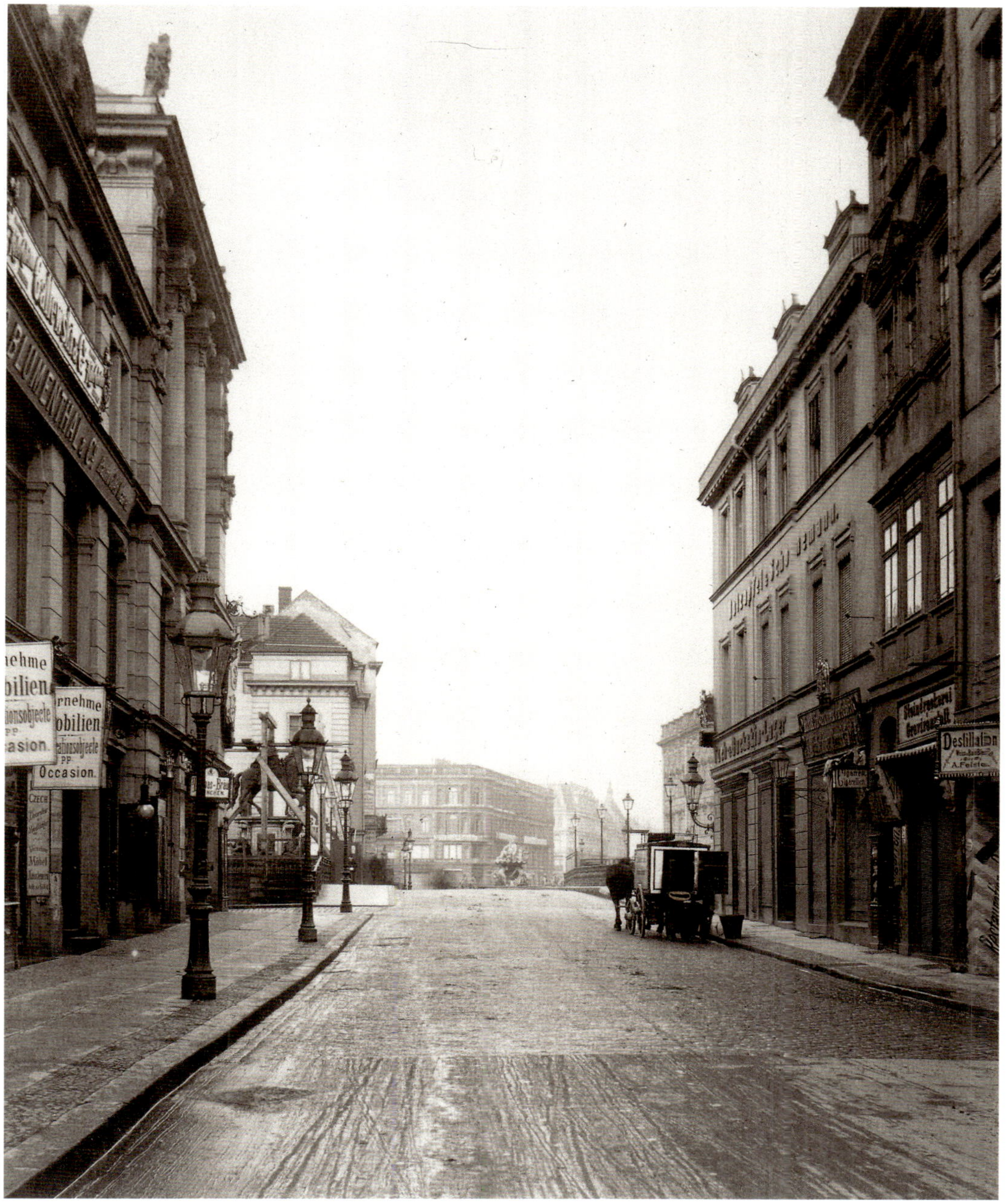


Kurfürstenbrücke und Schloßplatz von der Königstraße aus gesehen. (Mitte)
1894

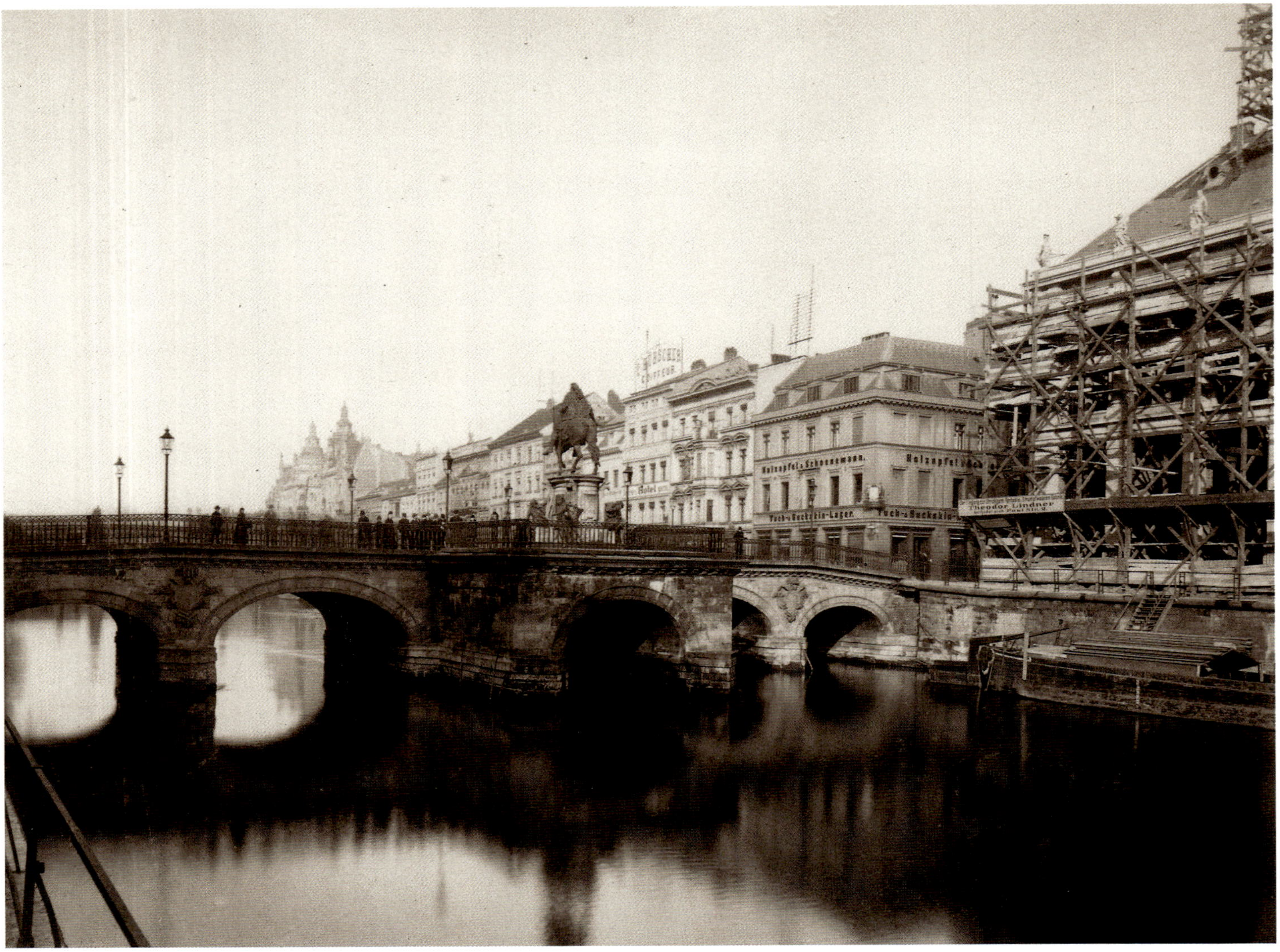


Kurfürstenbrücke und Burgstraße vom Marstall aus gesehen. (Mitte)
1890

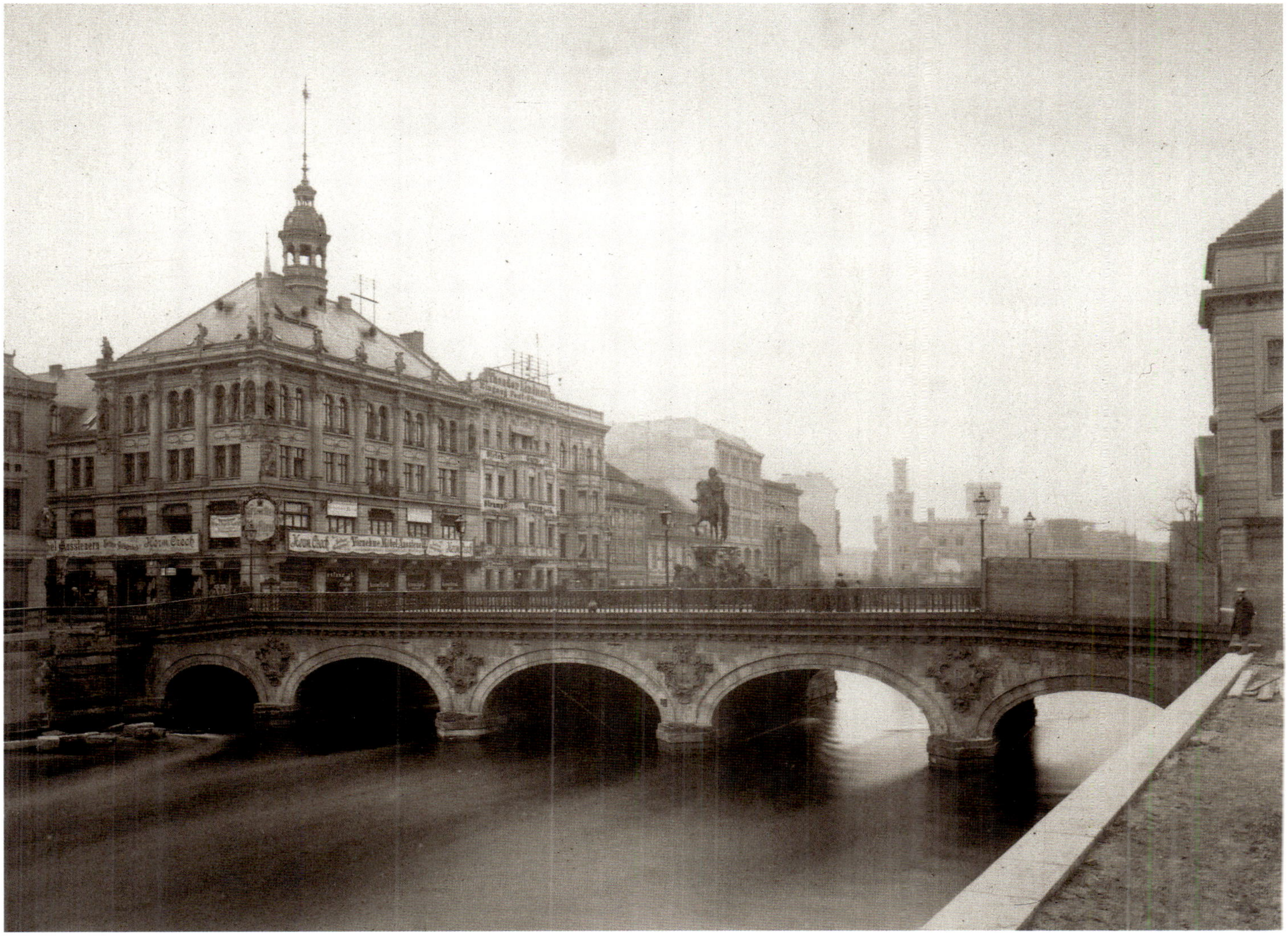

Kurfürstenbrücke und obere Burgstraße vom Schloß aus gesehen. (Mitte)
1892

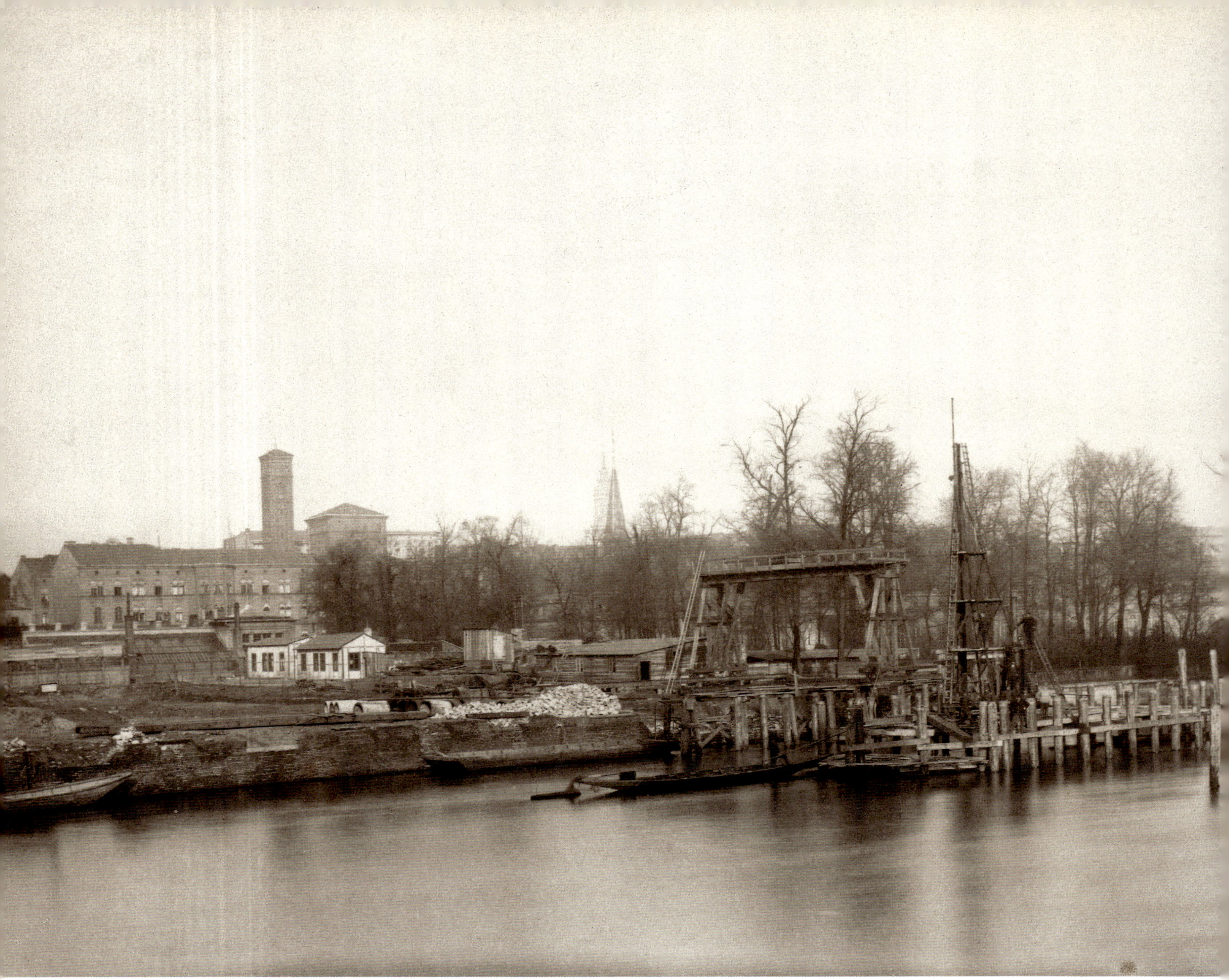

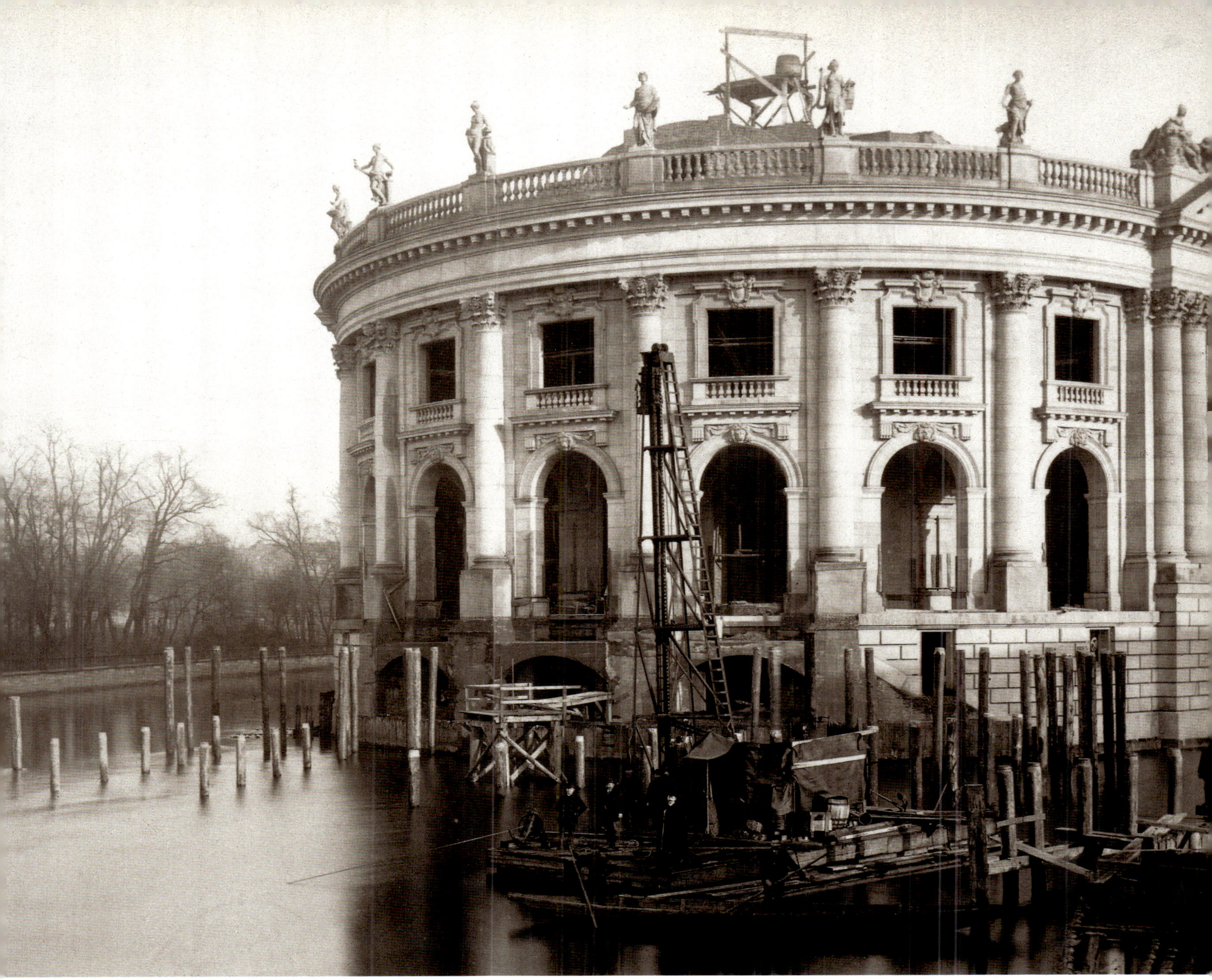

Bau der Monbijou-Brücke am Kaiser-Friedrich-Museum. (Mitte)
1903

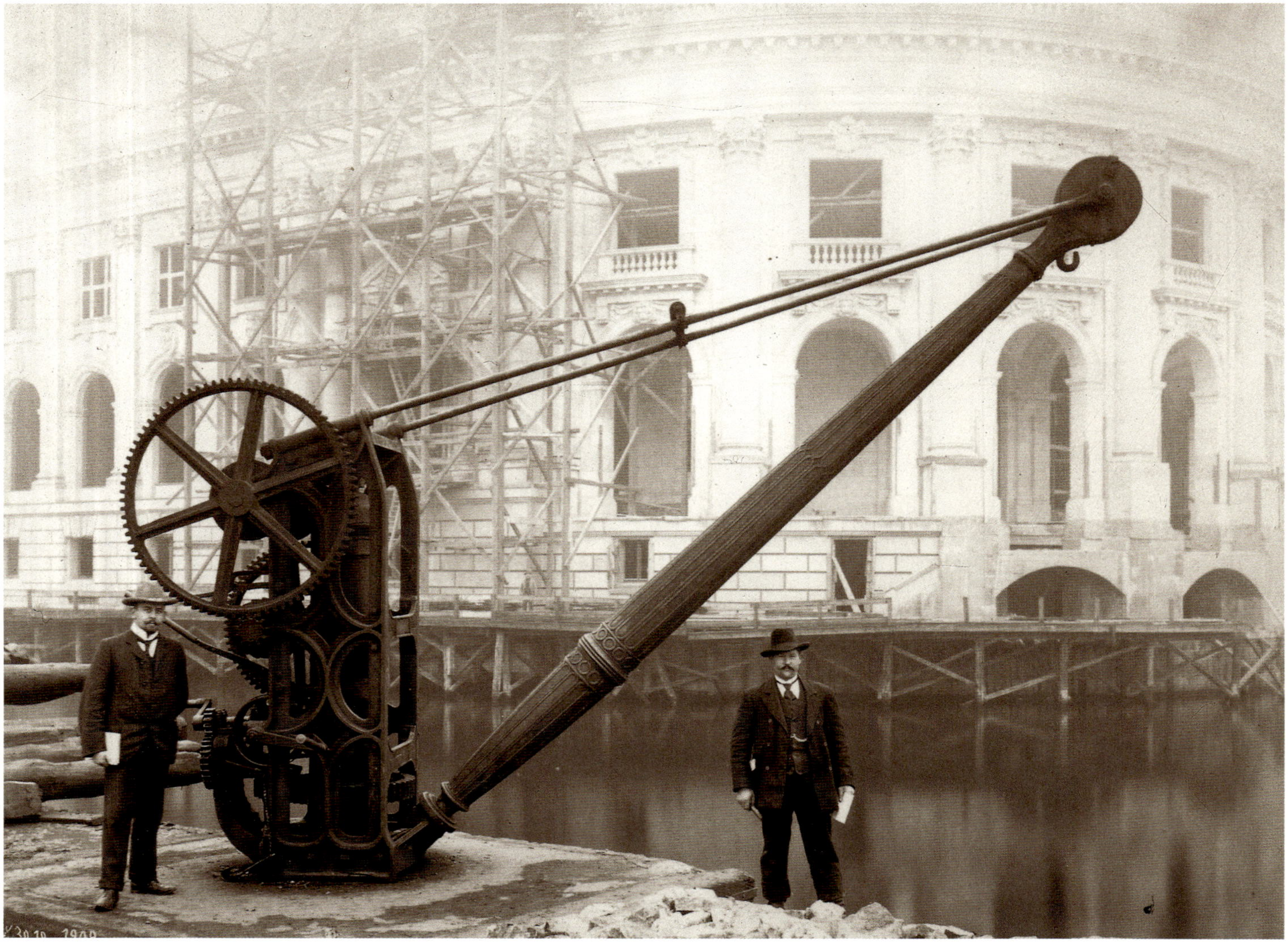

Ein von Schinkel entworfener Kran auf dem Grundstück Ziegelstraße 18/19.
(Mitte)
1902

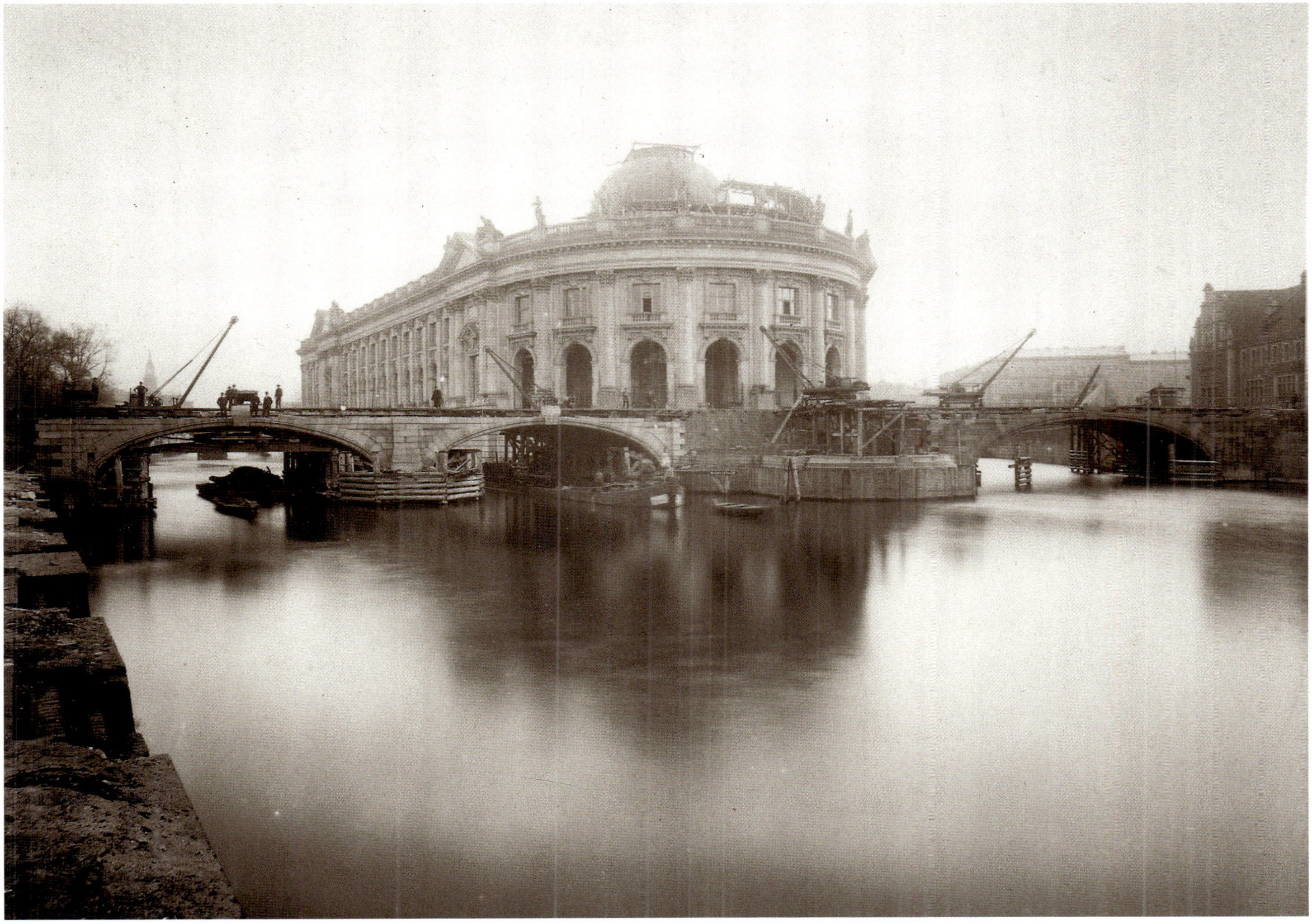

Kaiser-Friedrich-Museum. Im Zusammenhang mit dem Bau des Museums wurde bis 1904 die Monbijou-Brücke davor erbaut. (Mitte)

1904

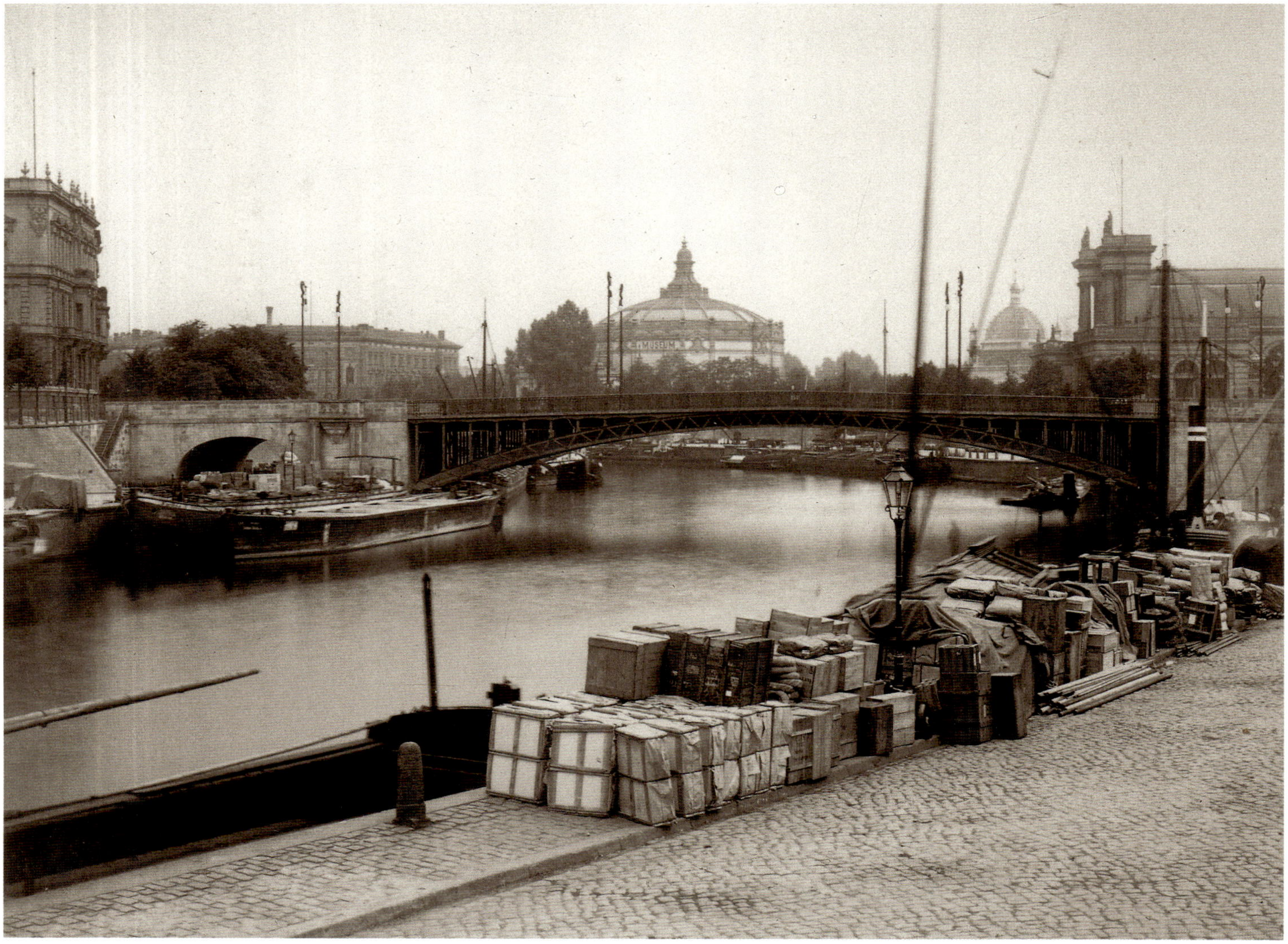

Alsen-Brücke vom Friedrich-Carl-Ufer aus. Im Hintergrund der Lehrter Bahnhof
und das Kolonialmuseum. (Tiergarten)
1907

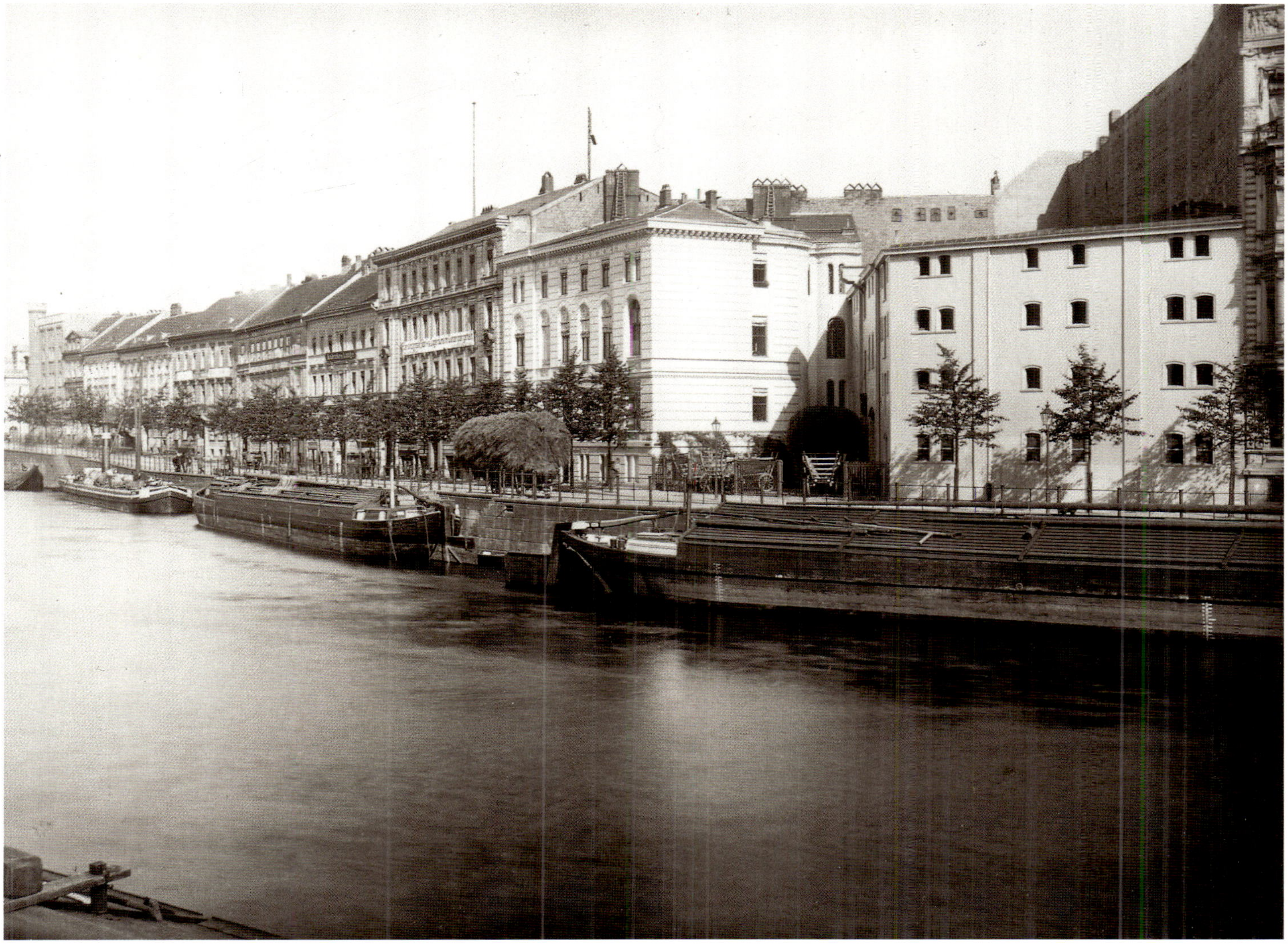

Schiffbauerdamm 31–40. (Mitte)
1902

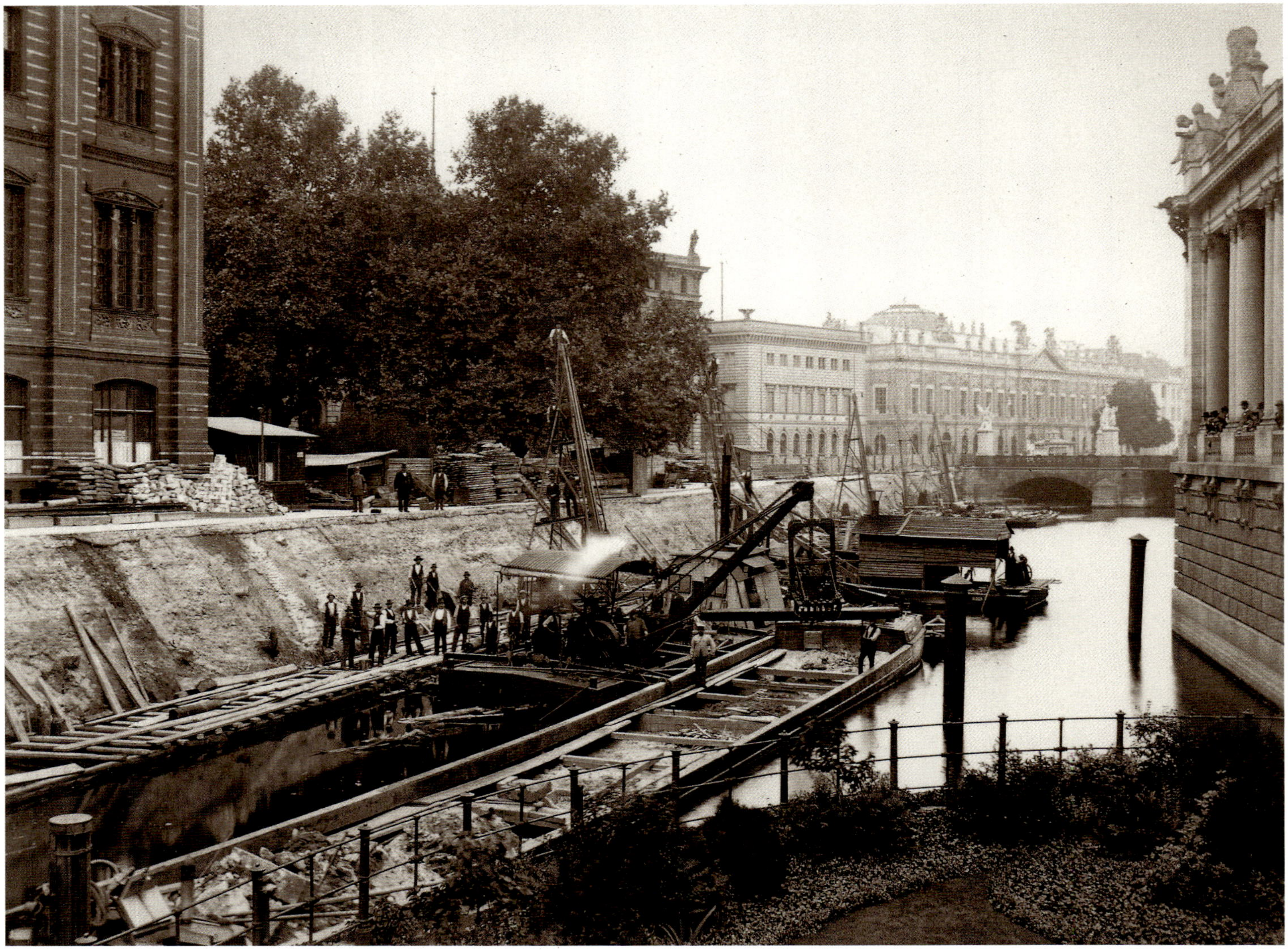

Schinkelplatz, Bau der Ufermauer. (Mitte)
1900

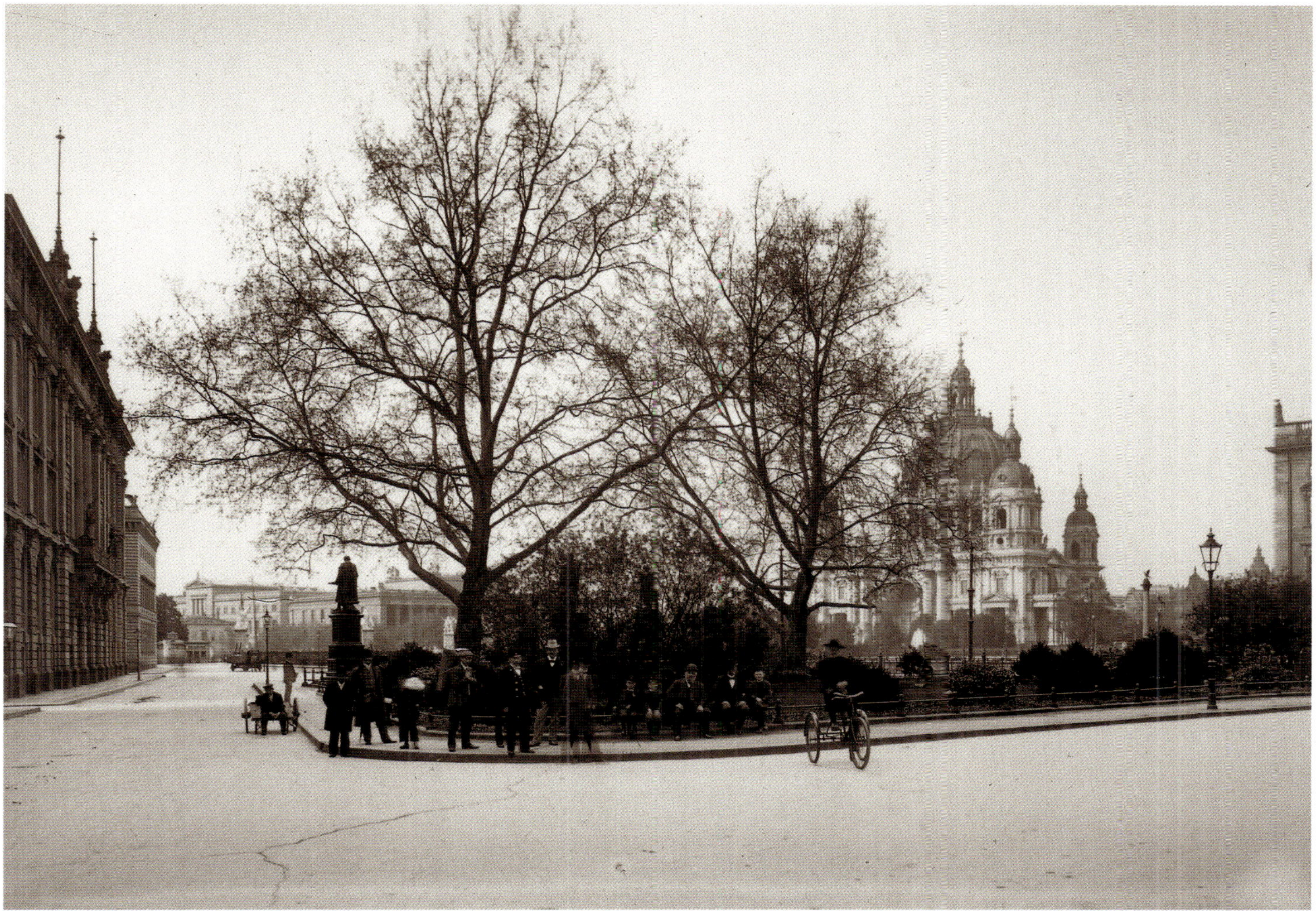

Schinkelplatz mit Blick zum Alten Museum und Dom. Der Bau des Domes wurde 1905 abgeschlossen. (Mitte)
1902

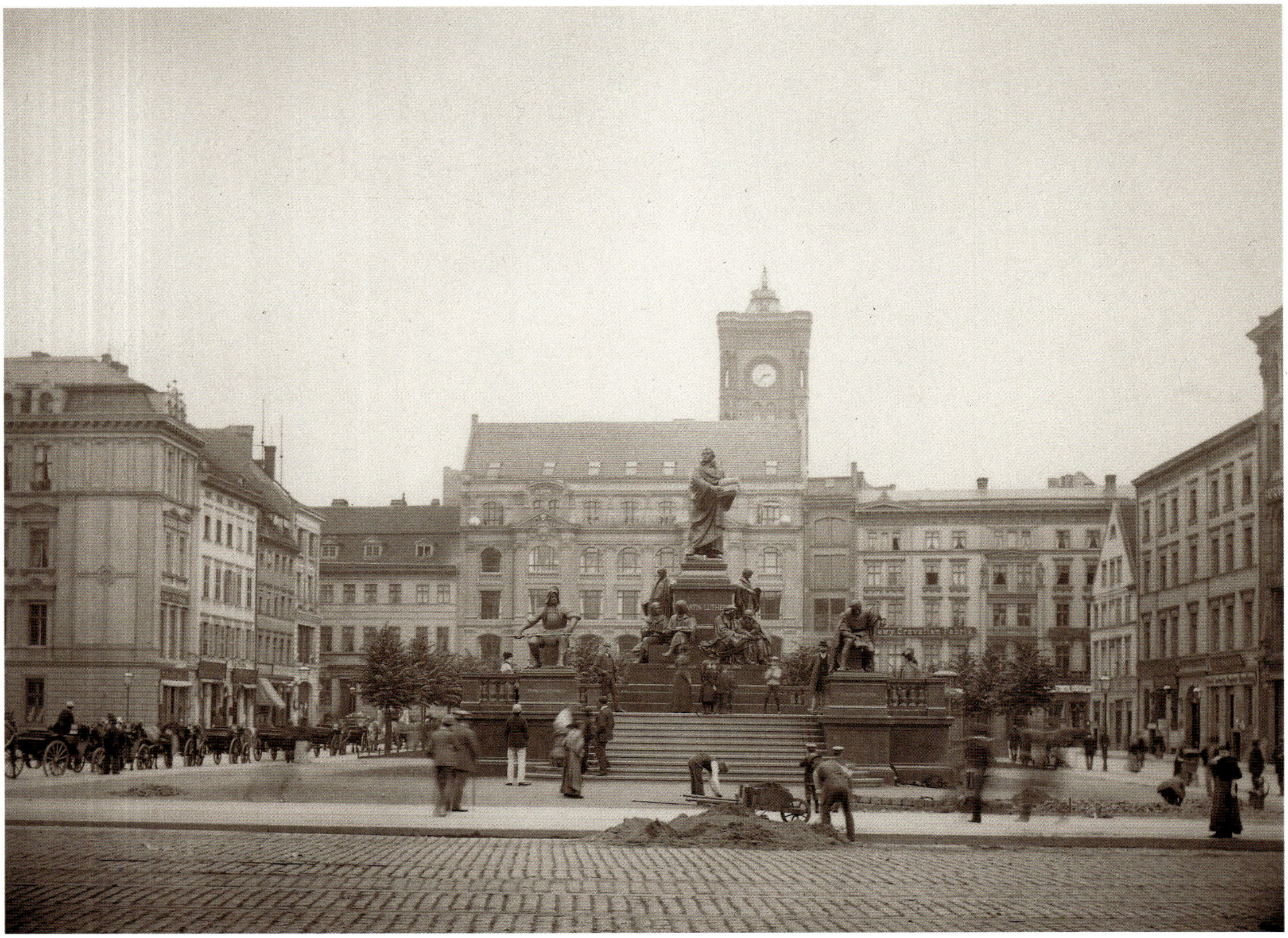

Luther-Denkmal, seit 1895 auf dem Neuen Markt. Im Hintergrund der Turm vom Roten Rathaus. (Mitte)
1895

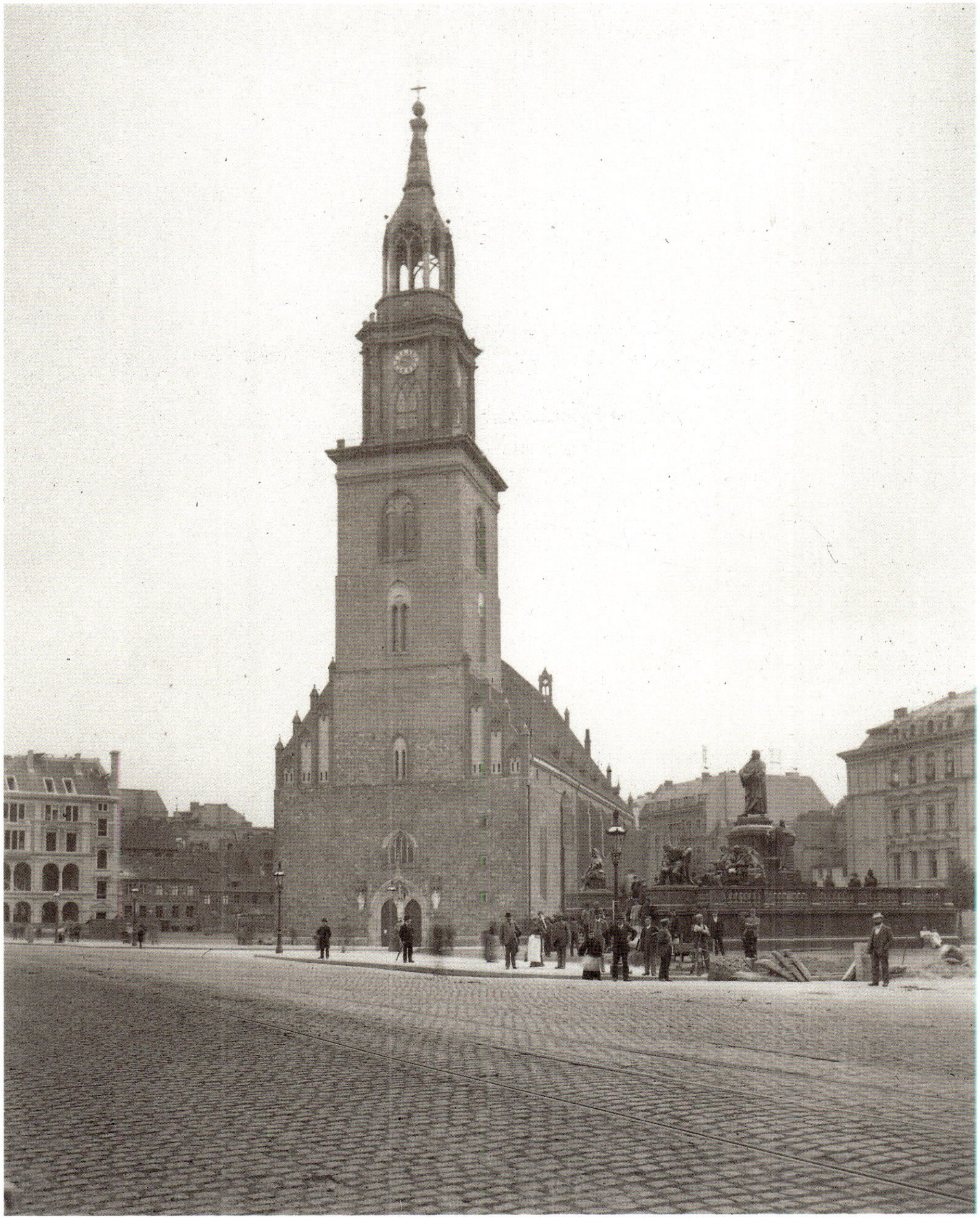

Marienkirche, zweitälteste Pfarrkirche der Stadt mit dem Luther-Denkmal. (Mitte)
1895

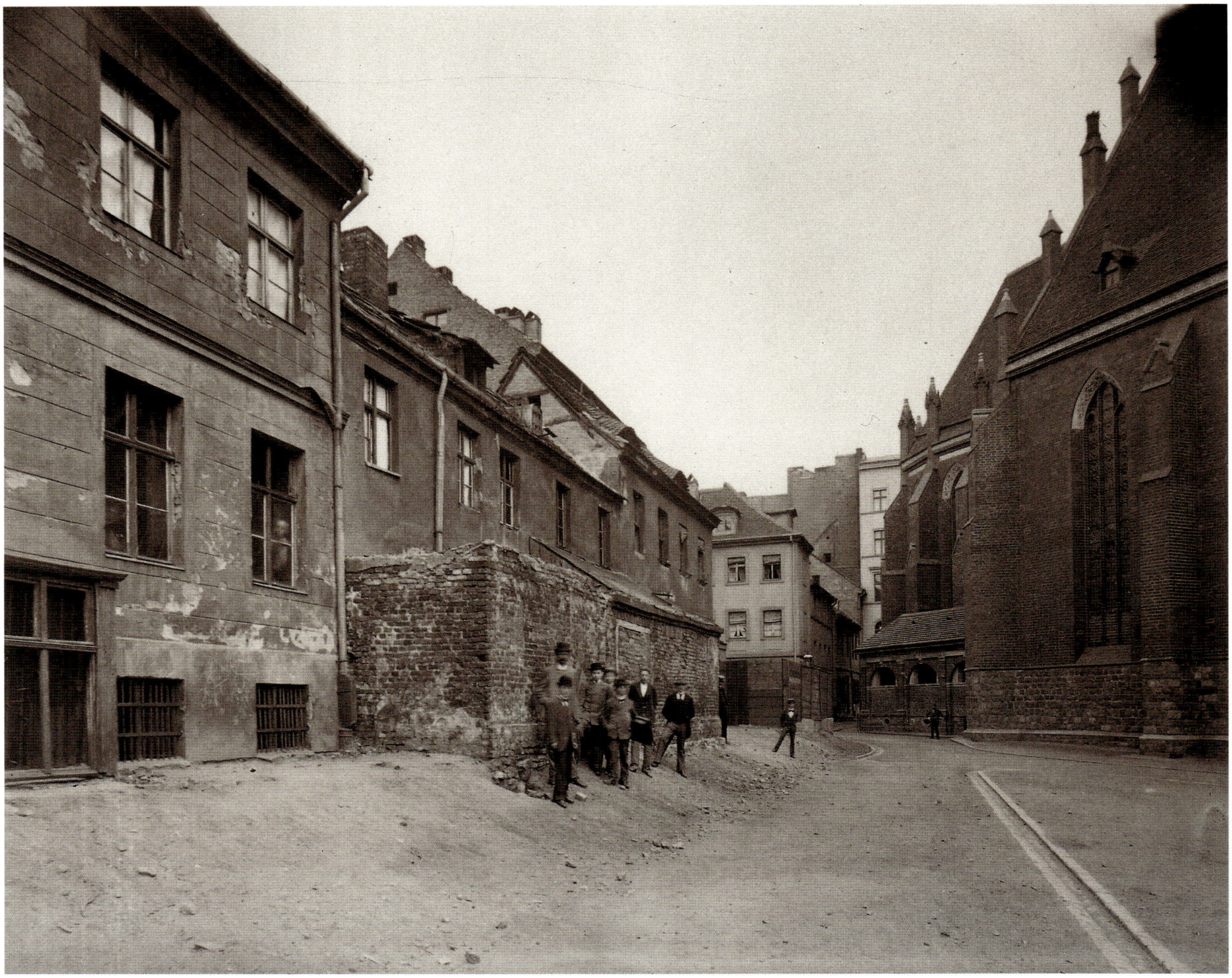

Durchblick von der Kaiser-Wilhelm-Straße zur Bischofstraße.
Rechts die Marienkirche. (Mitte)
1895

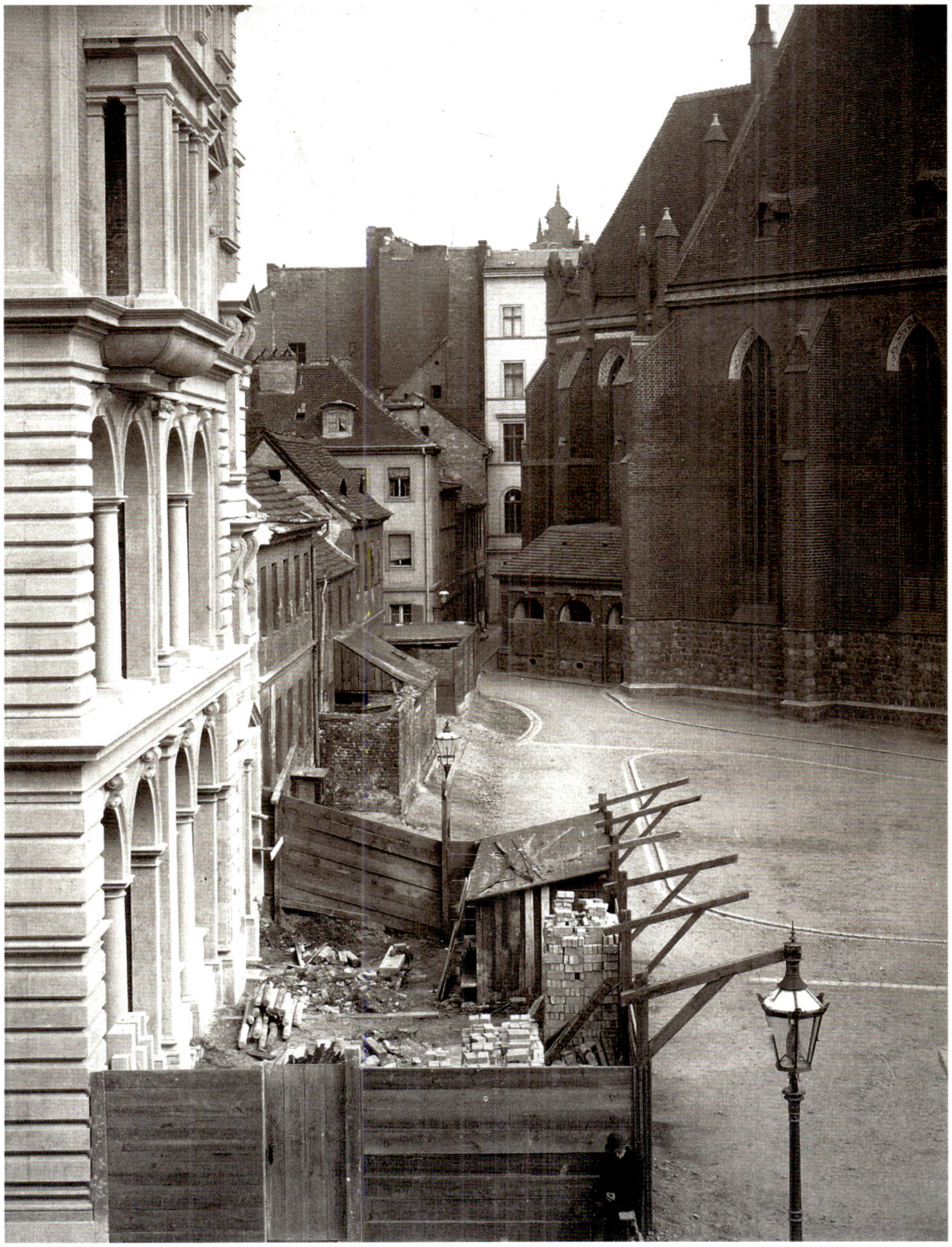

Durchblick zur Bischofstraße. Rechts die Marienkirche. (Mitte)
1895

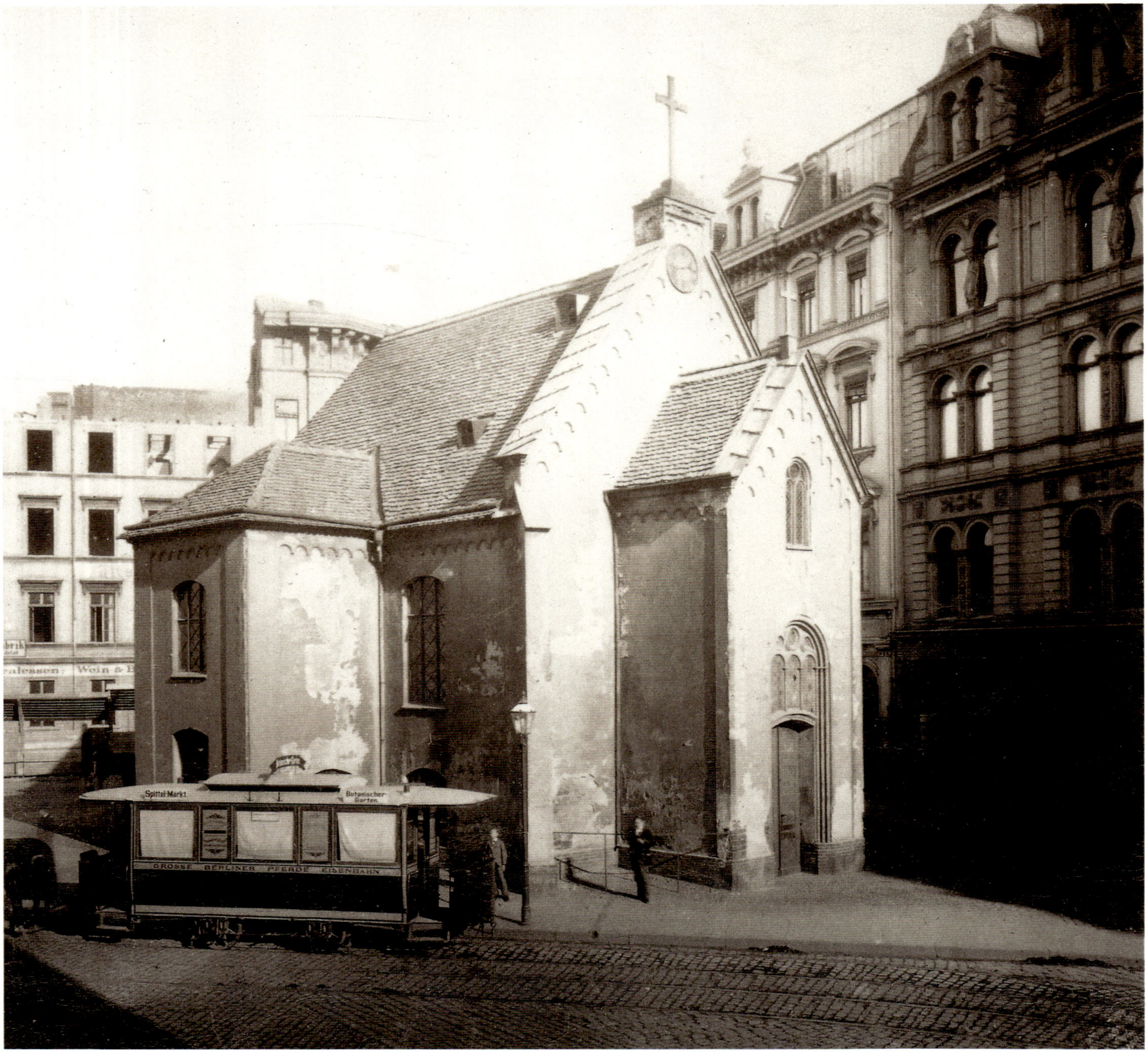


St. Gertraudenkirche auf dem Spittelmarkt. Sie wurde 1881 abgerissen, um dem steigenden Verkehr Rechnung zu tragen. (Mitte)
um 1880

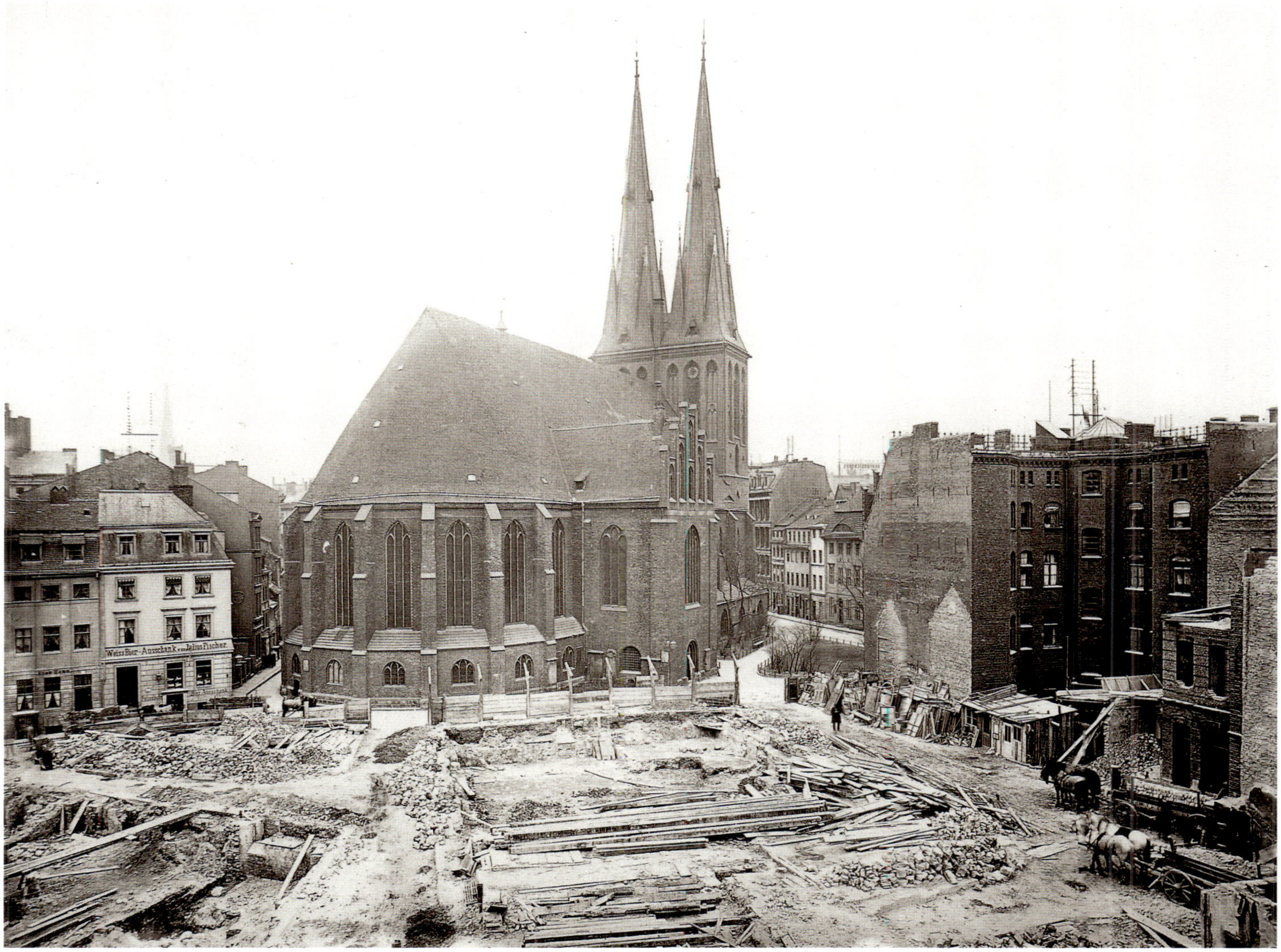

Das von der Königstraße, Spandauer Straße, Post- und Probststraße eingeschlossene Karree wurde ab 1897 abgetragen, um einem geplanten Total-Neubau des Kaufhauses N. Israel Platz zu machen. (Mitte)
1899

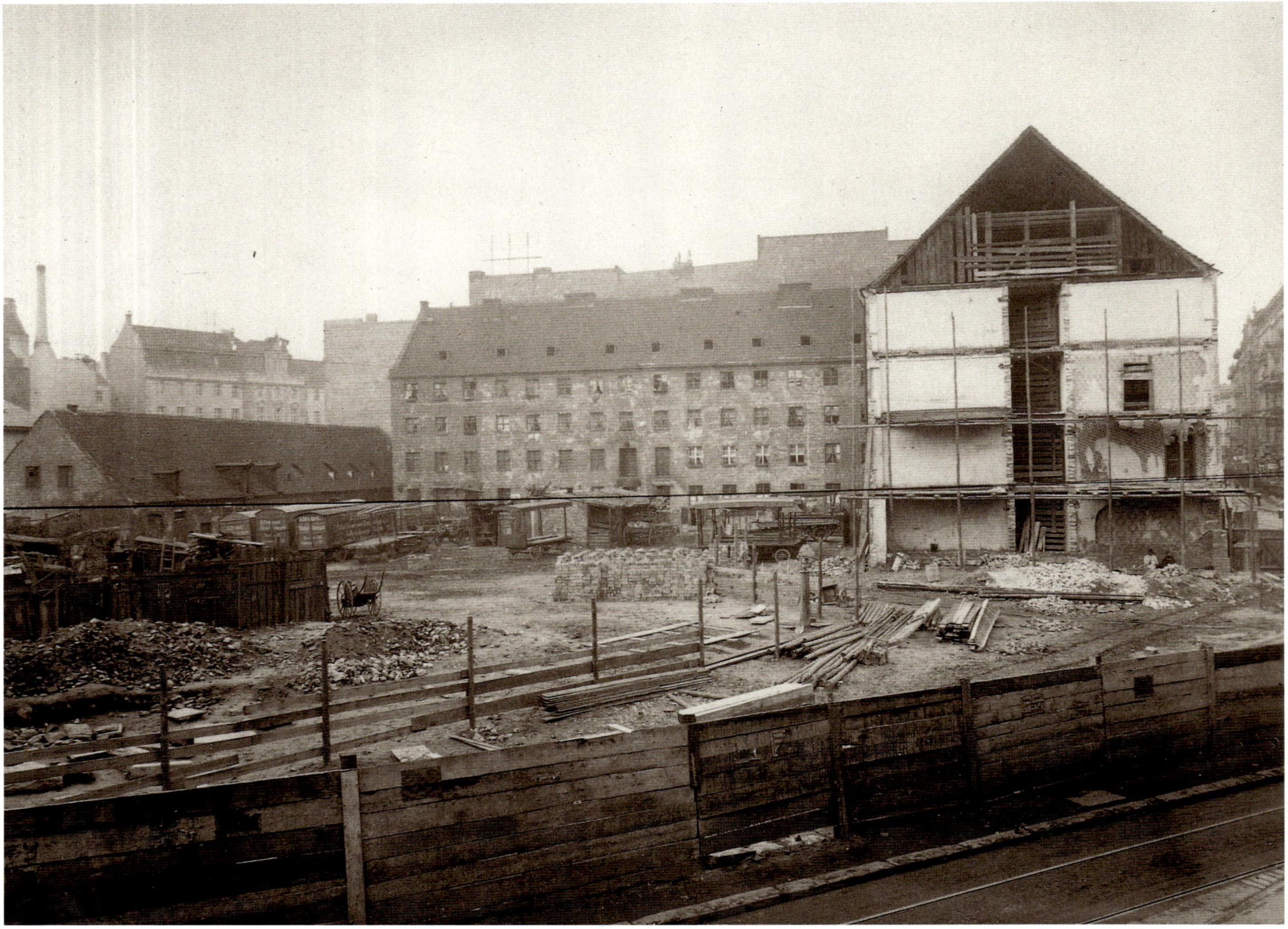

Alexanderstraße 11a. Zur Verbreiterung der Straße wurde hier die ehemalige Kaserne des Kaiser-Alexander-Garde-Grenadier-Regiments, im Volksmund wegen seiner äußeren Verwahrlosung auch »schwarzes Haus« genannt, abgetragen.
(Mitte)
1903

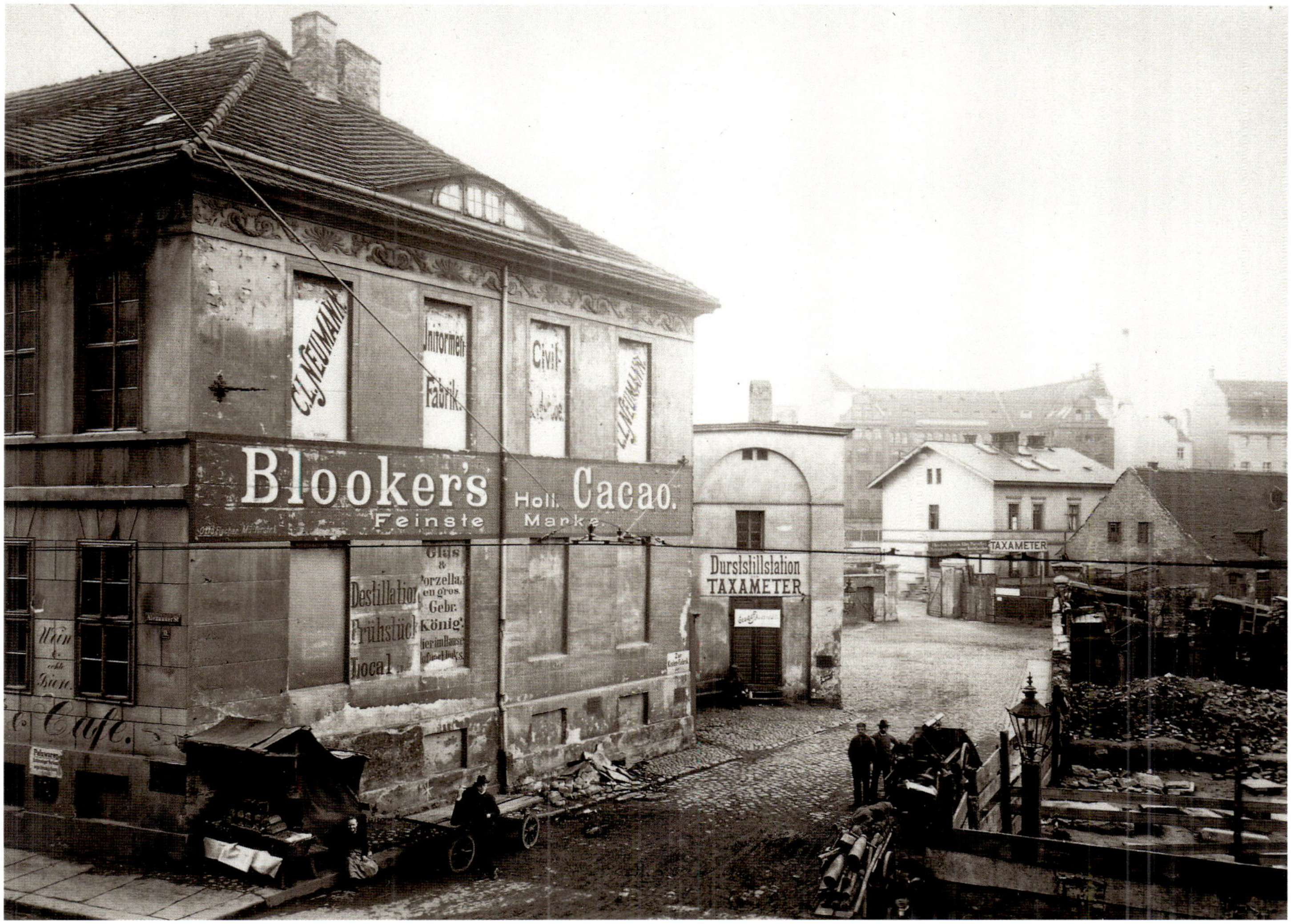


Alexanderstraße 12/13 mit Durchgang. (Mitte)
1903

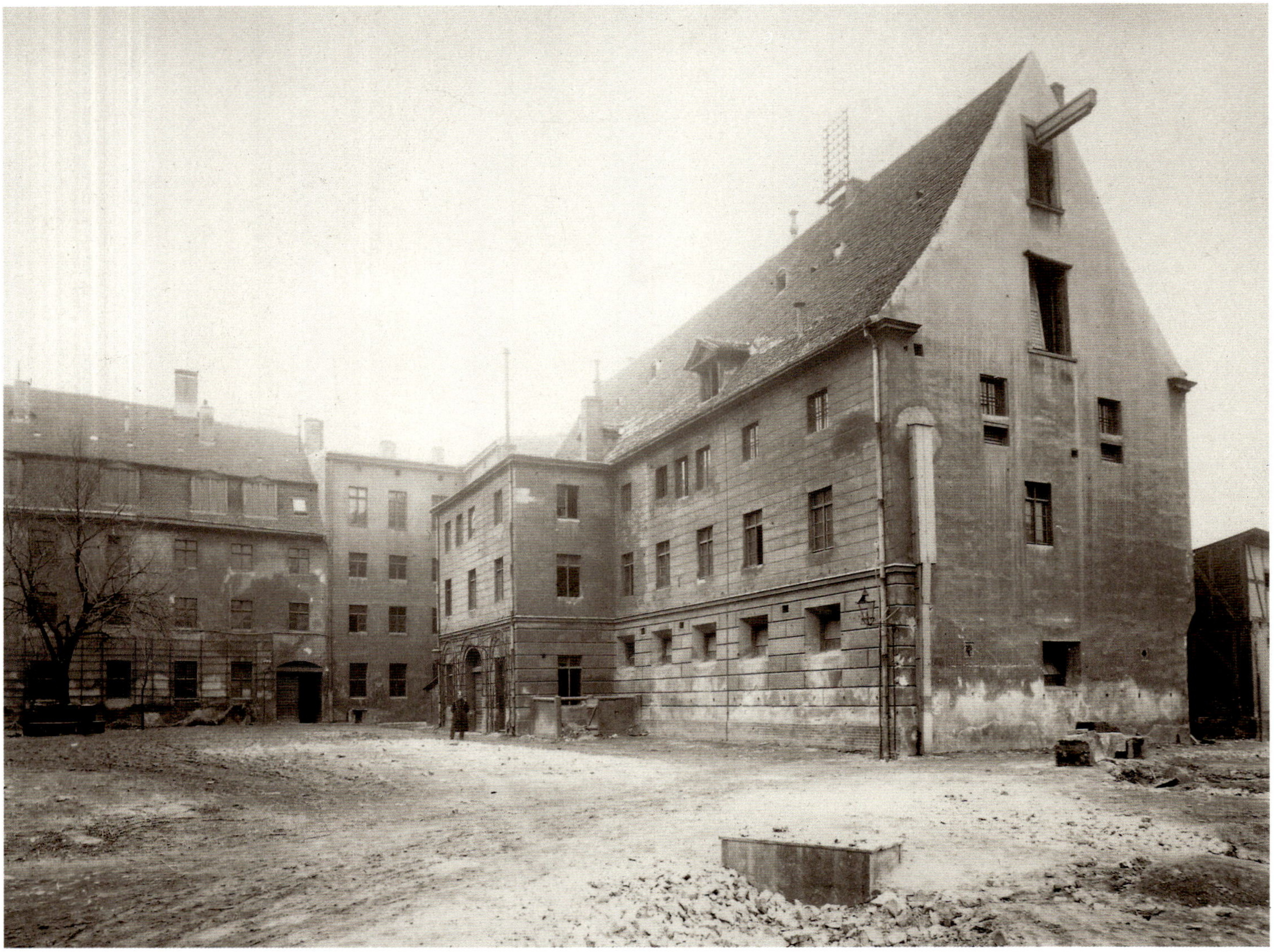

Molkenmarkt 1/2 mit Polizeipräsidium und der Stadtvogtei in dem hinteren Teil des Grundstückes. Die Verlegung des Polizeipräsidiums in einen Neubau am Alexanderplatz erfolgte 1889. (Mitte)
1890

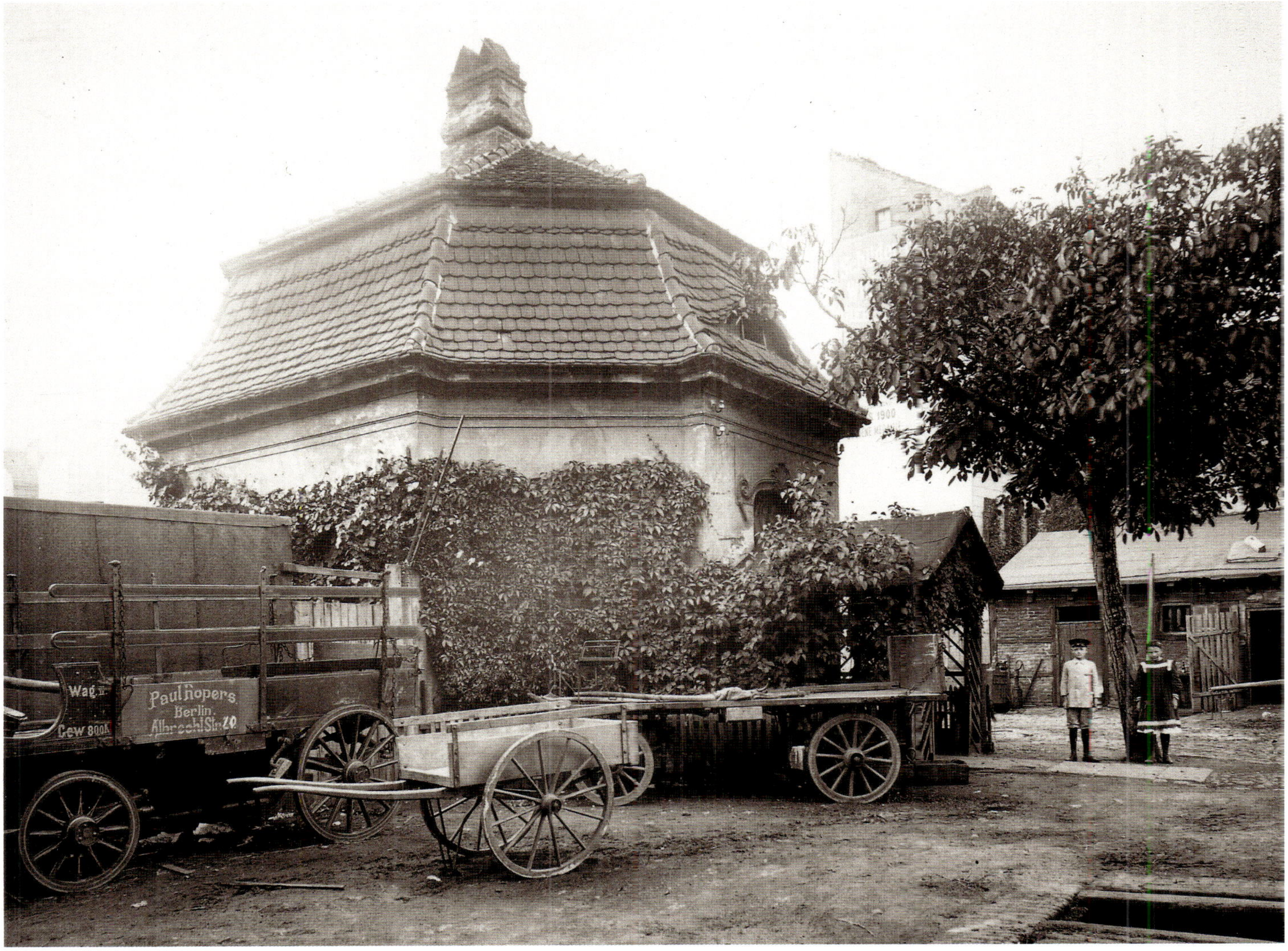


Albrechtstraße 10. Ein altes Gartenhäuschen, um 1706 von Schloßbaumeister Eosander von Göthe für den Park des Grafen Wartenberg gebaut. Um 1900 dienten die Räume zur Verwaltung der umliegenden Holz- und Steinplätze. (Mitte)
1902

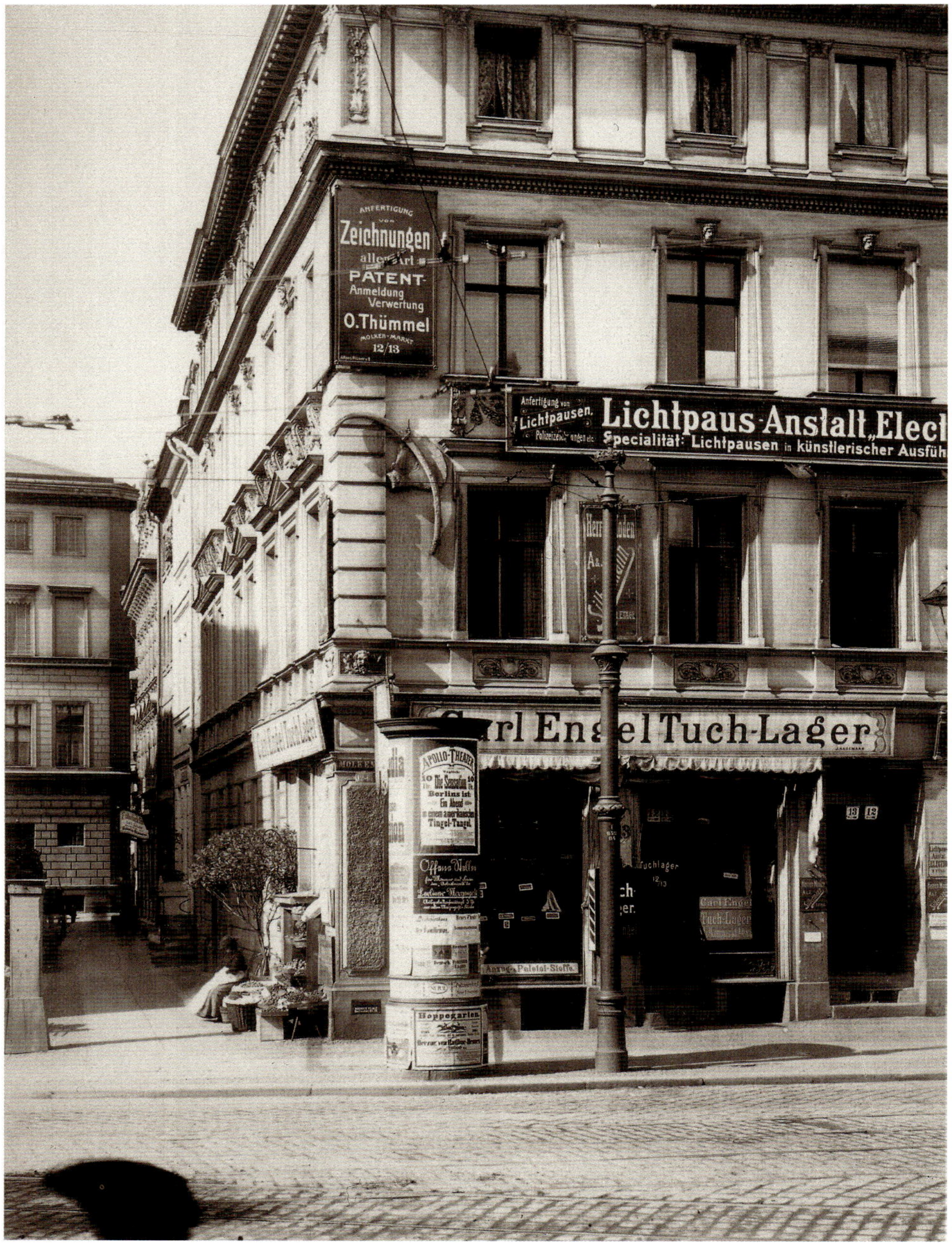


Molkenmarkt 12/13. Am Haus die sagenumwobene Rippe mit Schulterblatt als ein Wahrzeichen von Alt-Berlin. (Mitte)
1905

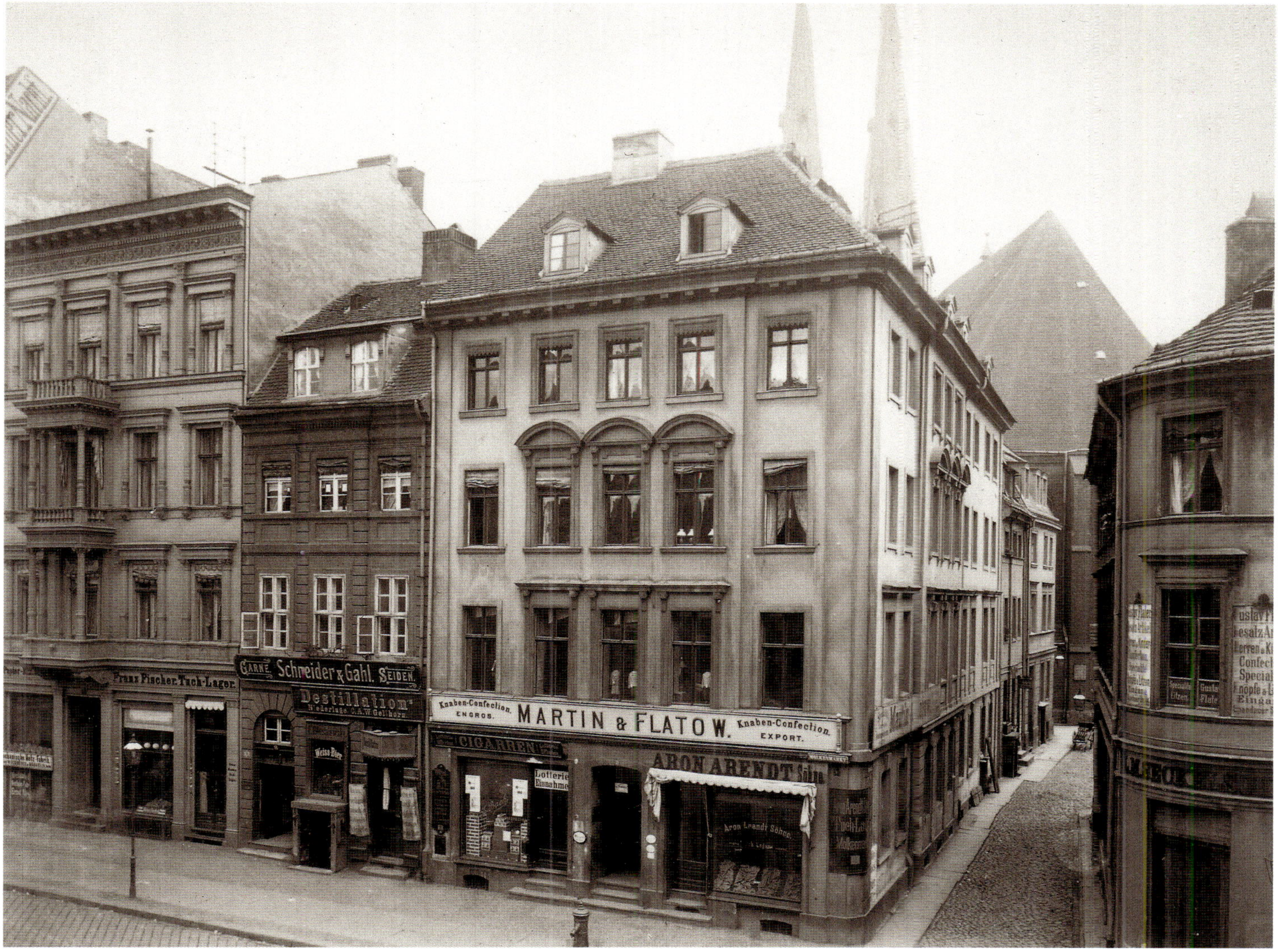


Molkenmarkt mit Blick in die Eiergasse. Im Hintergrund die Nikolaikirche. (Mitte)
1890

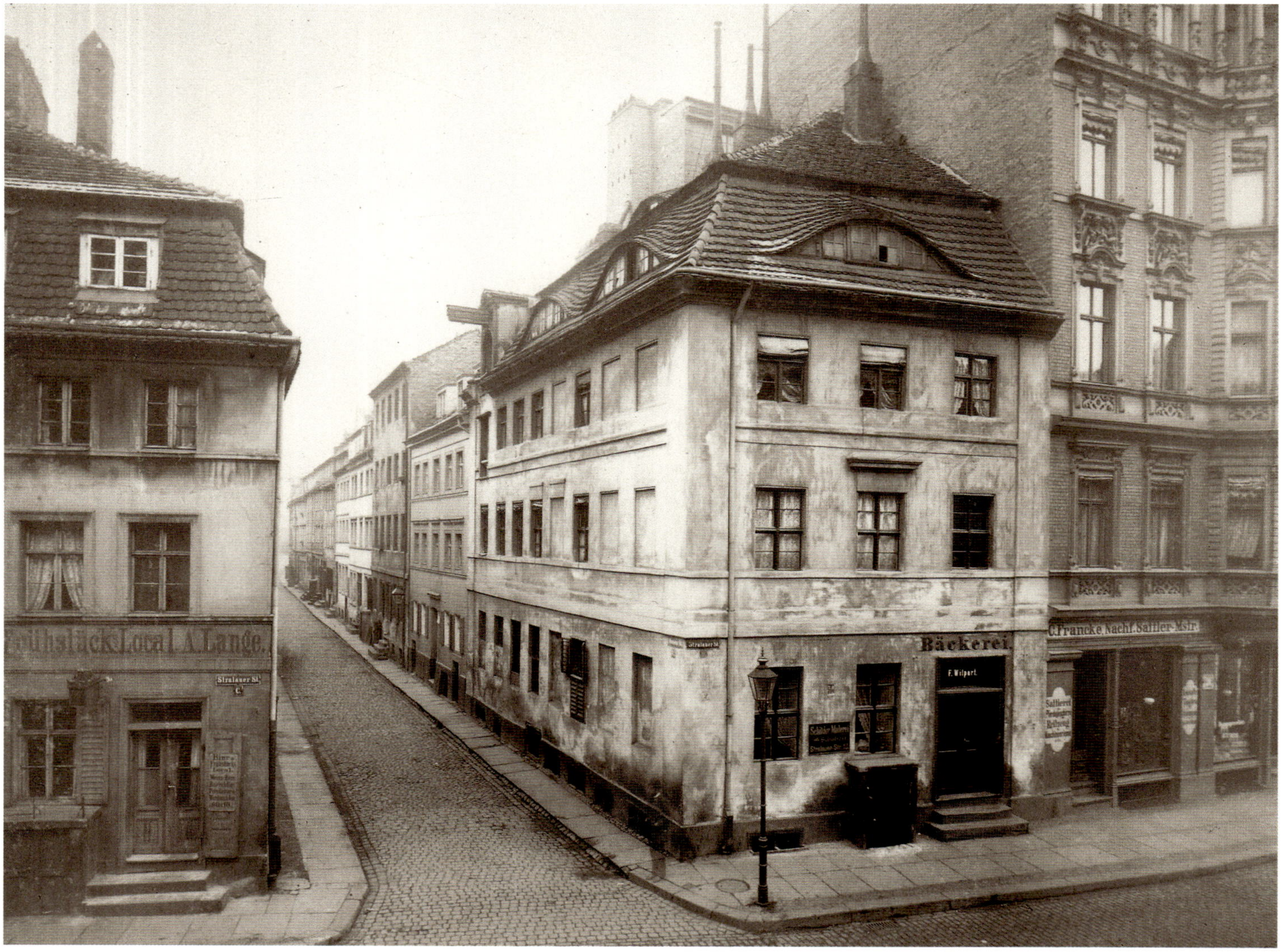


Waisenstraße von der Stralauer Straße aus. (Mitte)
1890

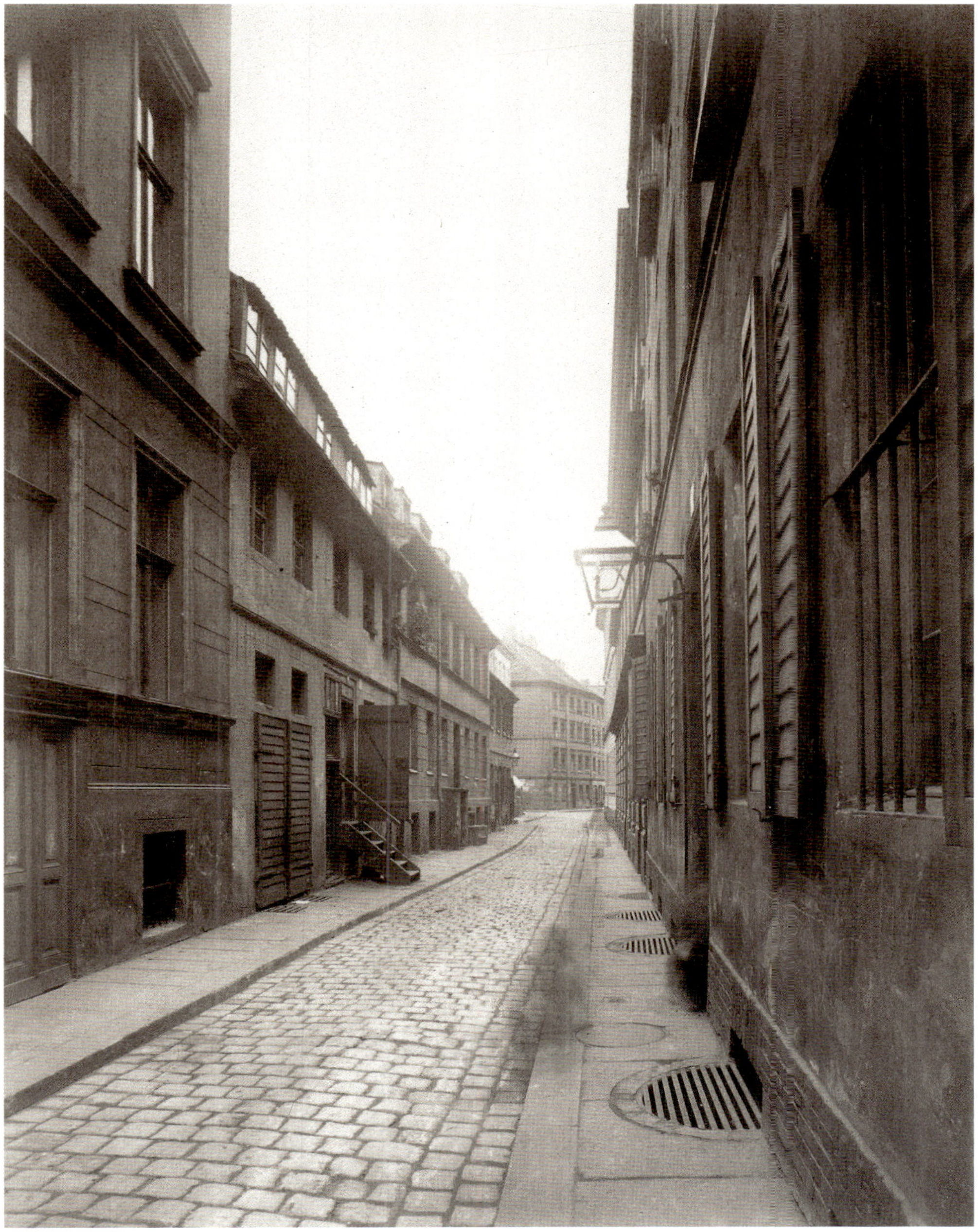

Waisenstraße von der Klosterkirche aus. (Mitte)
1900

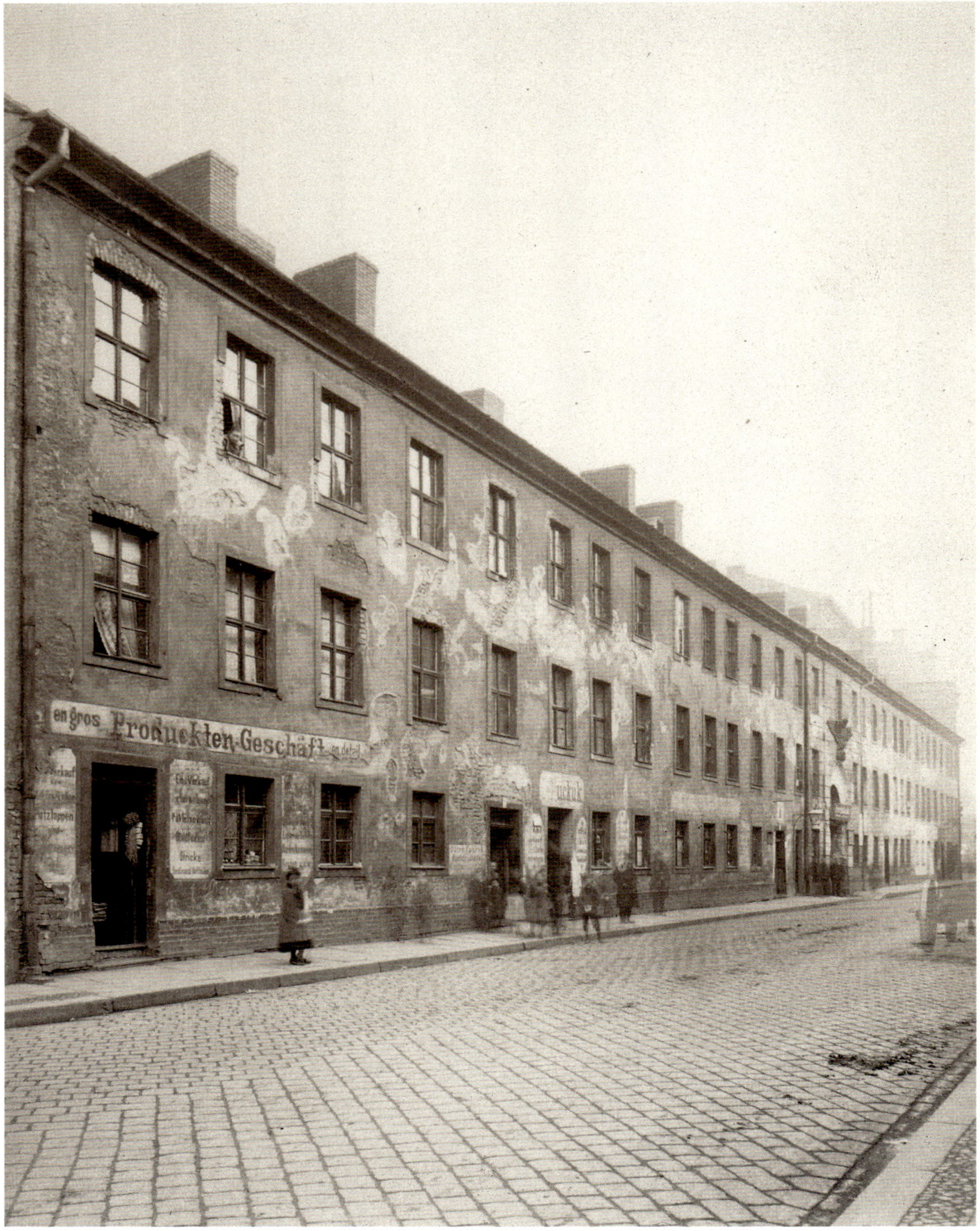


Neue Friedrichstraße 5–8. Ehemalige Kaserne aus der 2. Hälfte des 18. Jahrhunderts für das Regiment Woldeck, später für ein Bataillon des Kaiser Franz-Regiments. (Mitte)
1902

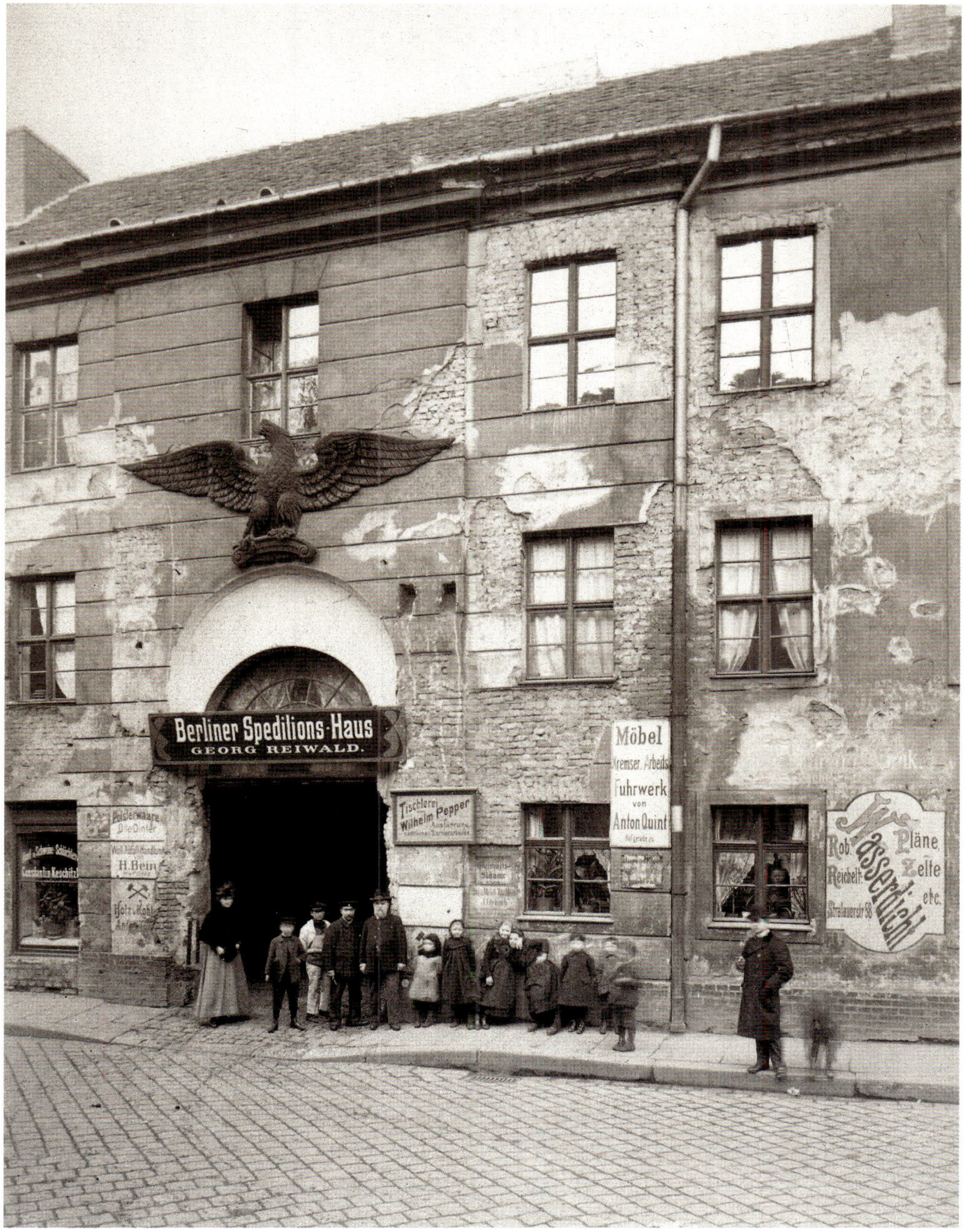


Neue Friedrichstraße. Eingang zur ehemaligen Kaserne für das Regiment Woldeck, später für ein Bataillon des Kaiser Franz-Regiments. (Mitte)
1902

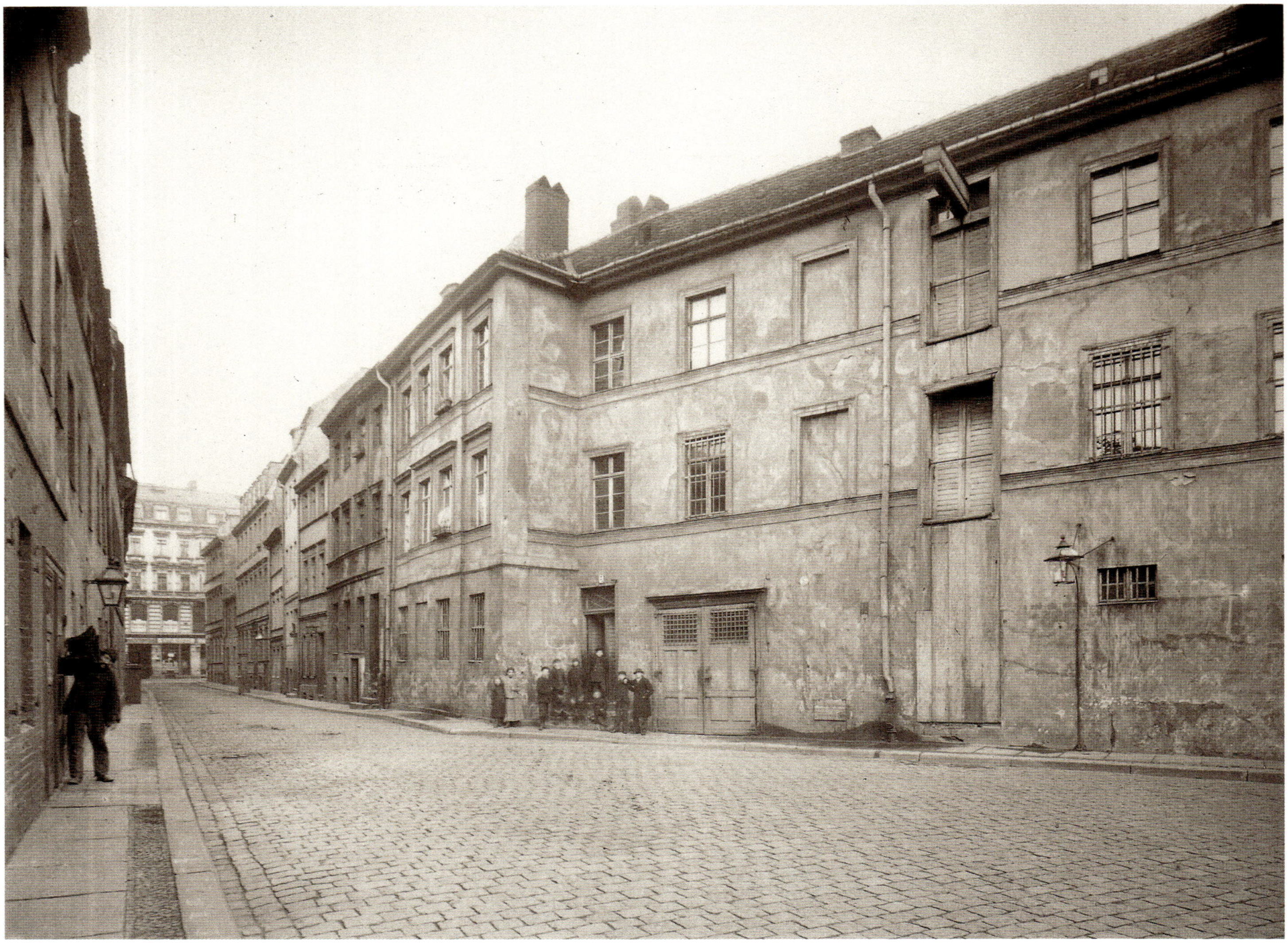

Kleine Stralauer Straße. Im Hintergrund die Stralauer Straße. (Mitte)
1902

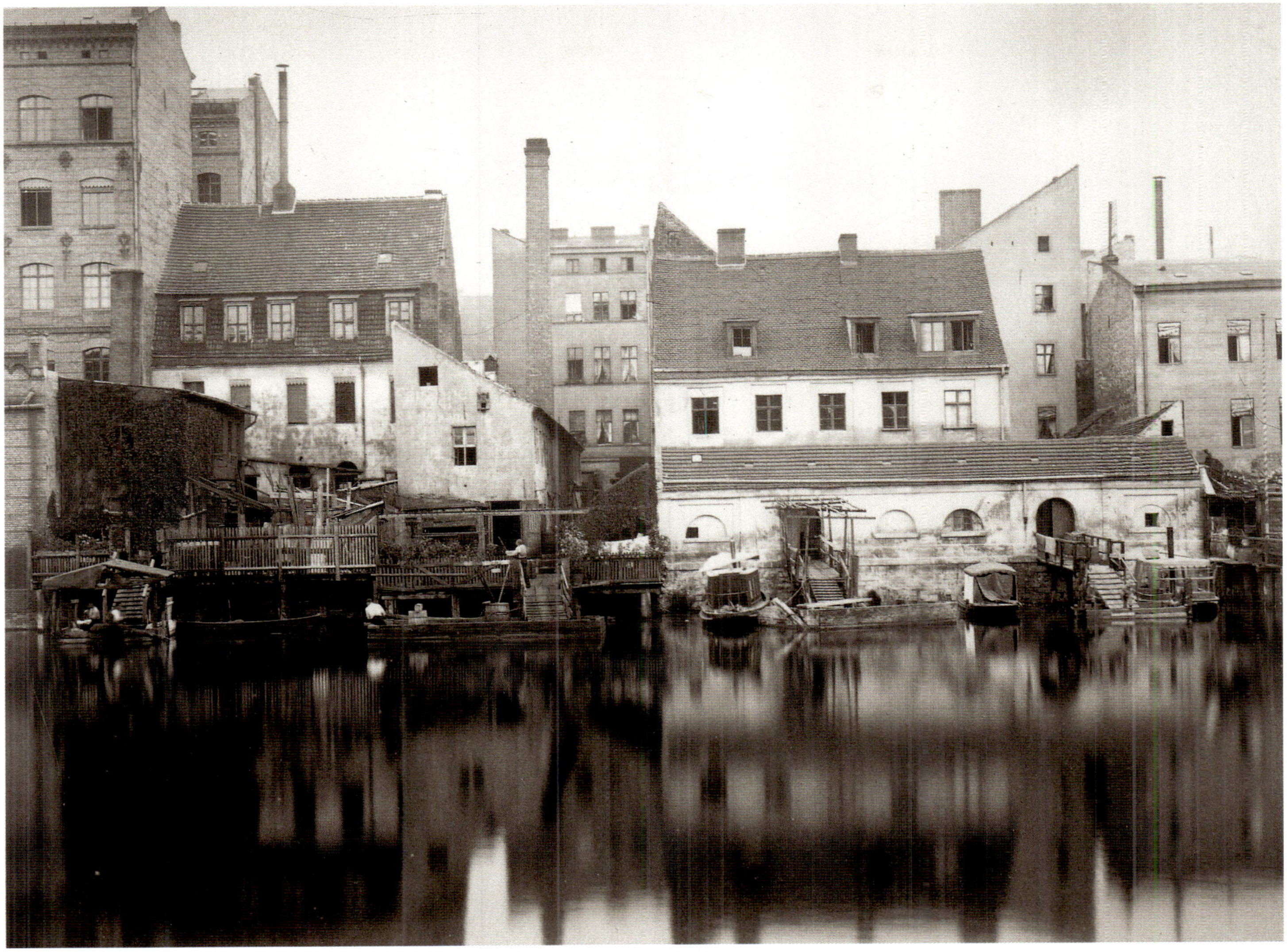

Stralauer Straße 39–43 von der Wasserseite aus. (Mitte)
1894

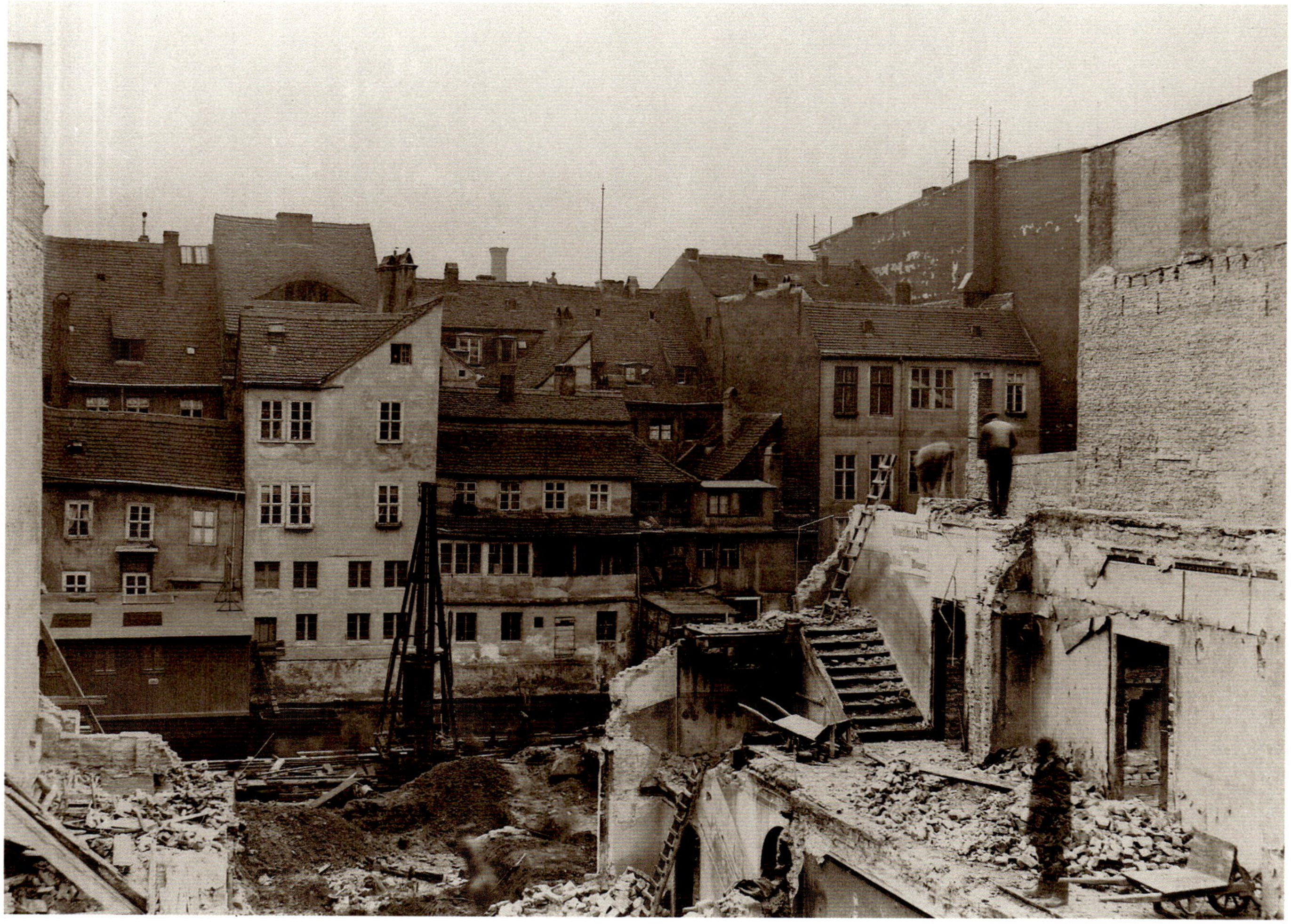

An der Schleuse 6–11 mit Hinterfrontansichten. Blick über einen Bauplatz hinweg zur Brüderstraße. (Mitte)
1897

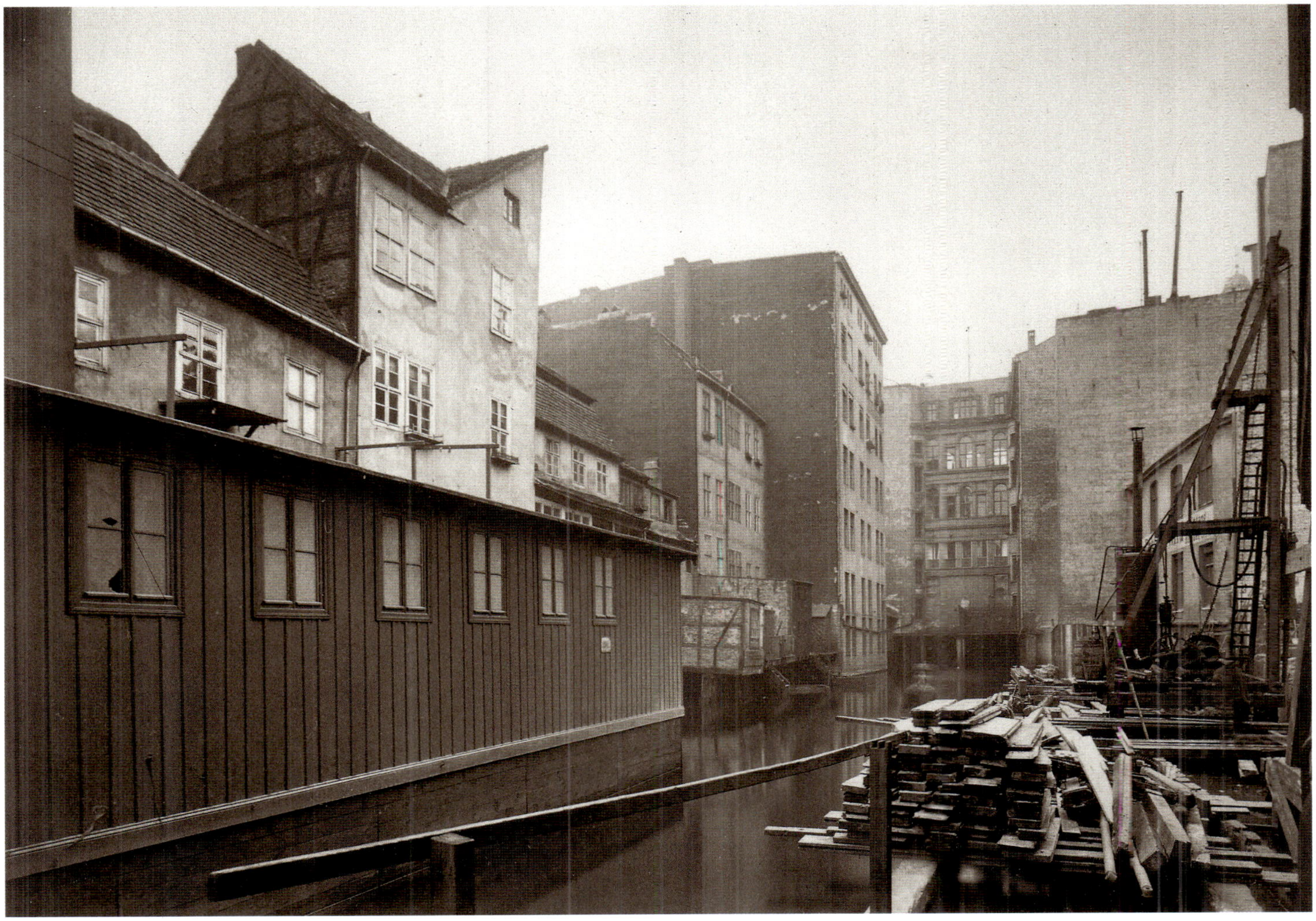

An der Schleuse 6–11 mit Ansicht der Häuserrückfronten. (Mitte)
1897

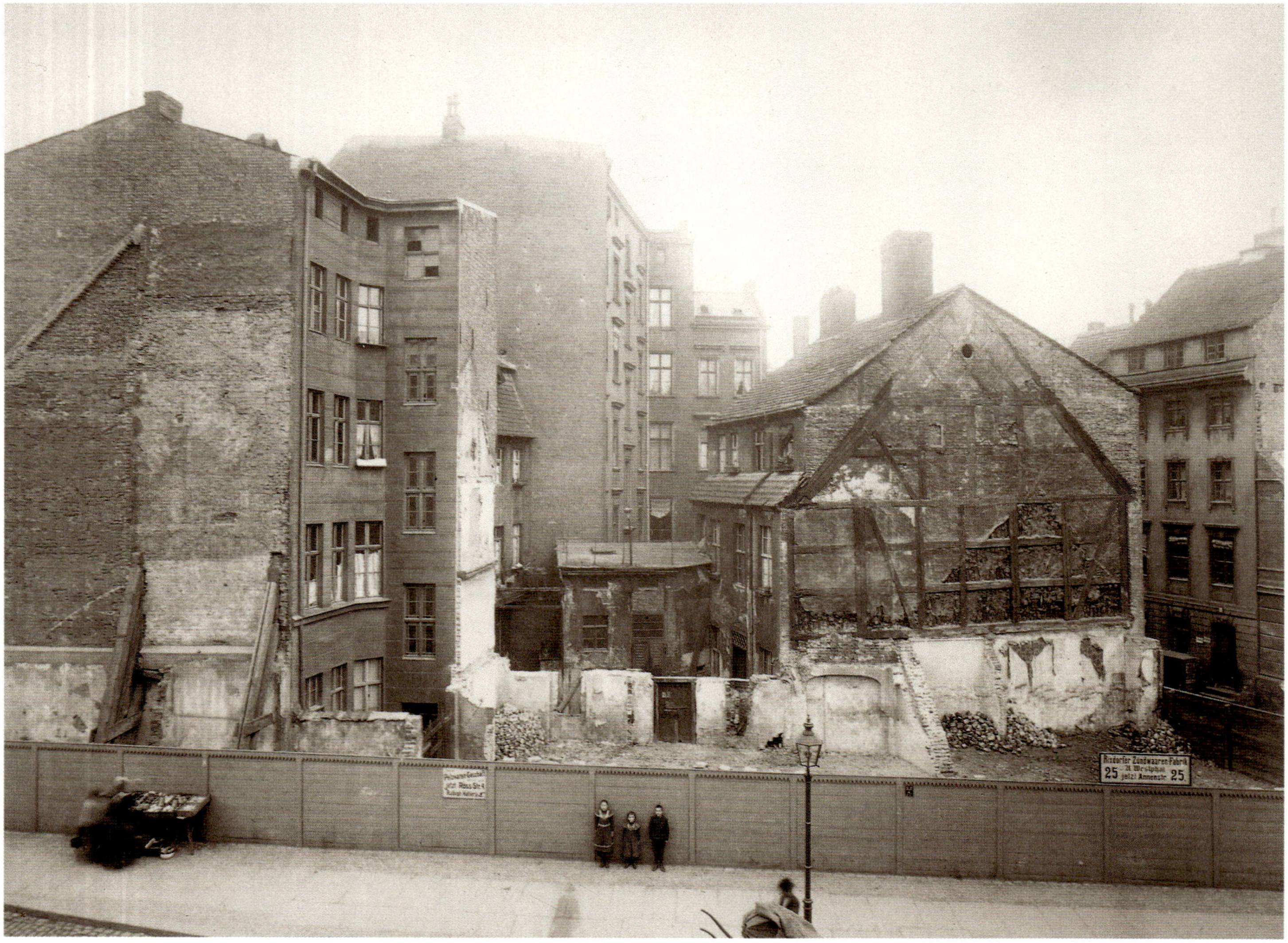


Roßstraße 11–14 nach dem Abbruch. (Mitte)
1901

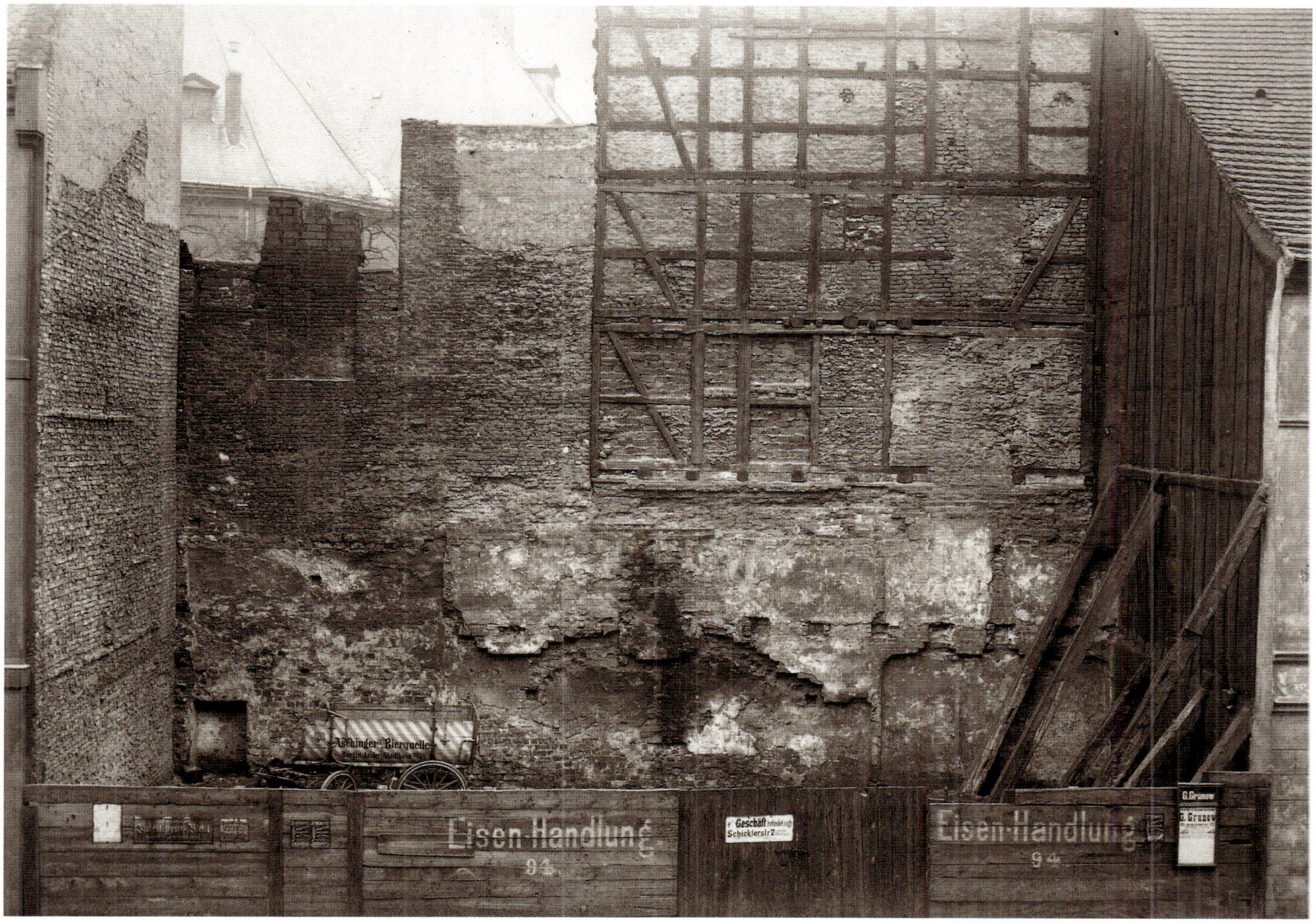


Abrißstelle Neue Friedrichstraße 94. (Mitte)
1902

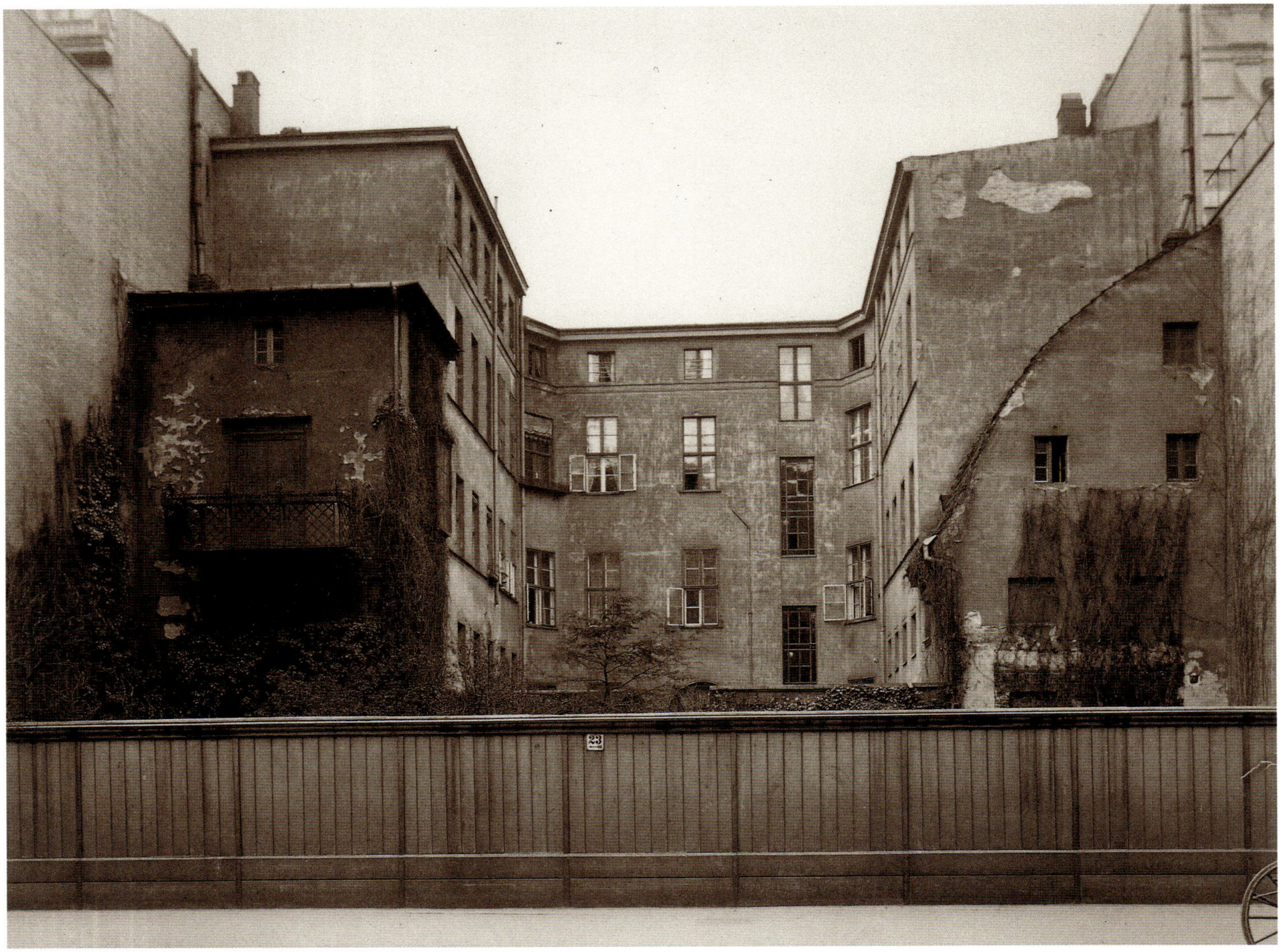

Leipziger Platz 14, mit der hinteren, zur Voßstraße gelegenen Seite. (Mitte)
1899

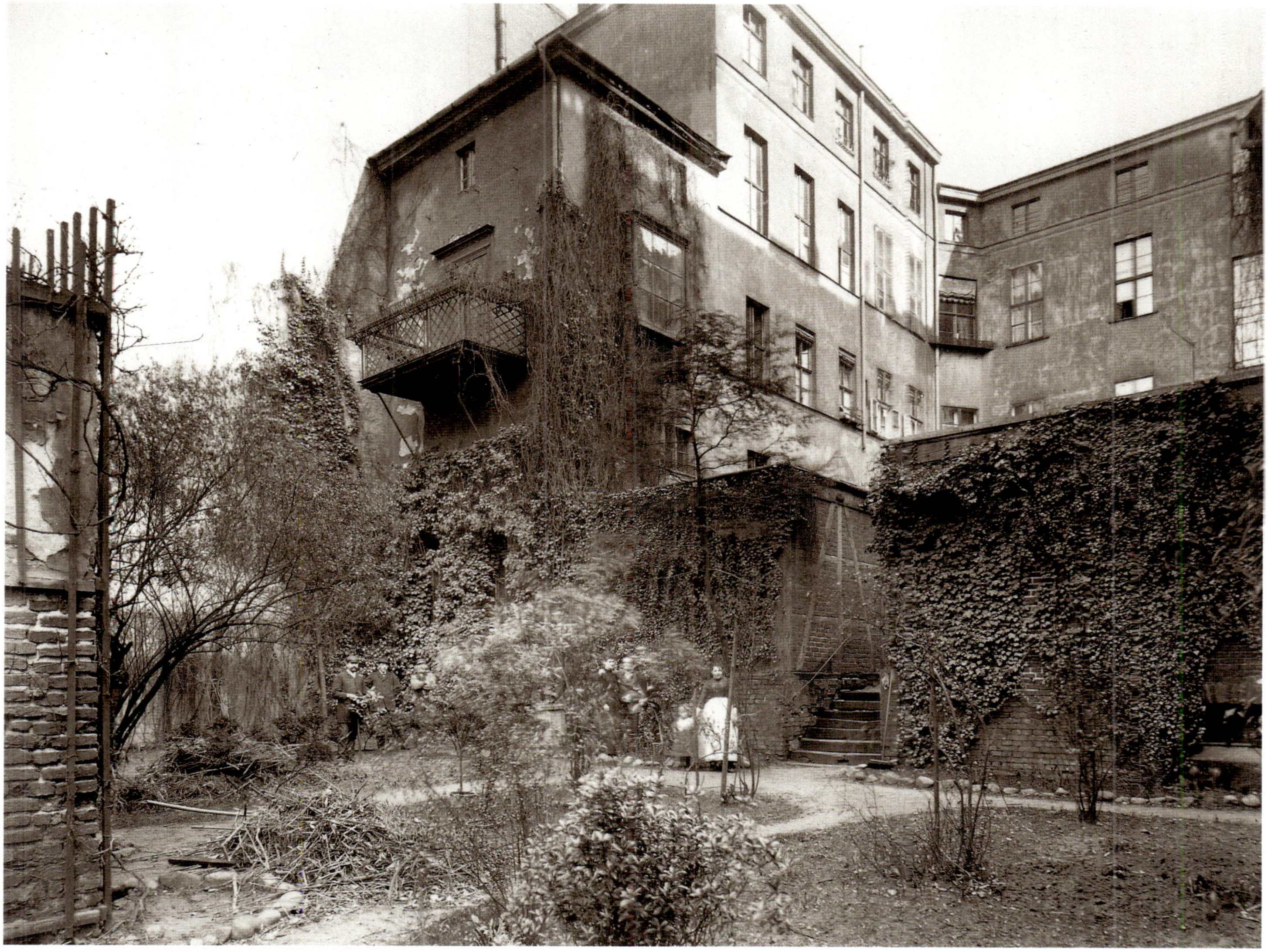

Leipziger Platz 14, mit der hinteren, zur Voßstraße gelegenen Seite, dem Garten
und Hofgebäuden. (Mitte)
1899

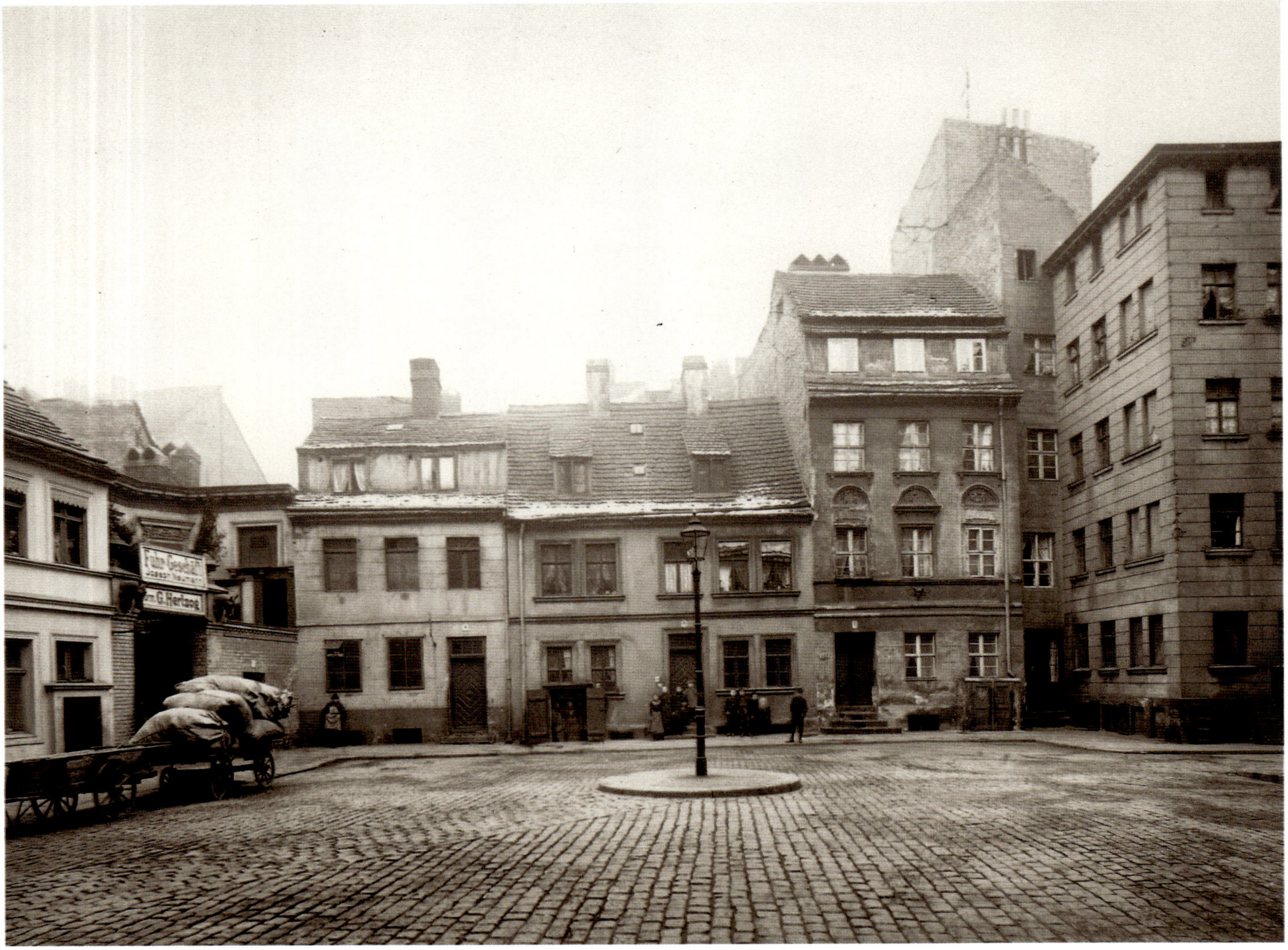

Großer Jüdenhof. Einst befanden sich hier eine Synagoge und das Judenbad. Nach der Zerstörung 1753 wurde der Hof mit 12 Wohnhäusern neu bebaut. (Mitte)
1902

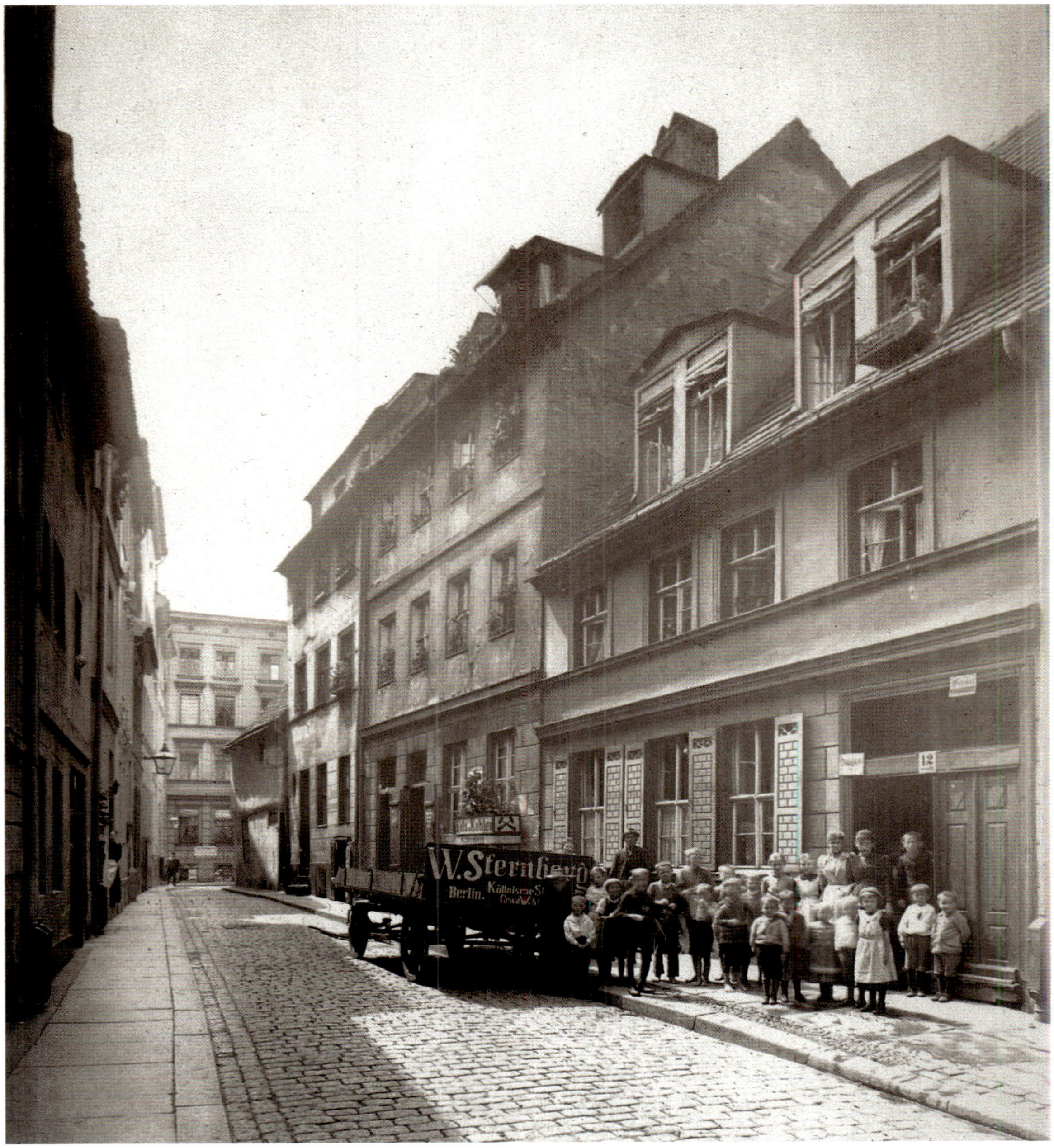


Köllnische Straße. Blick von der Fischerbrücke zur Fischerstraße. (Mitte)
1894

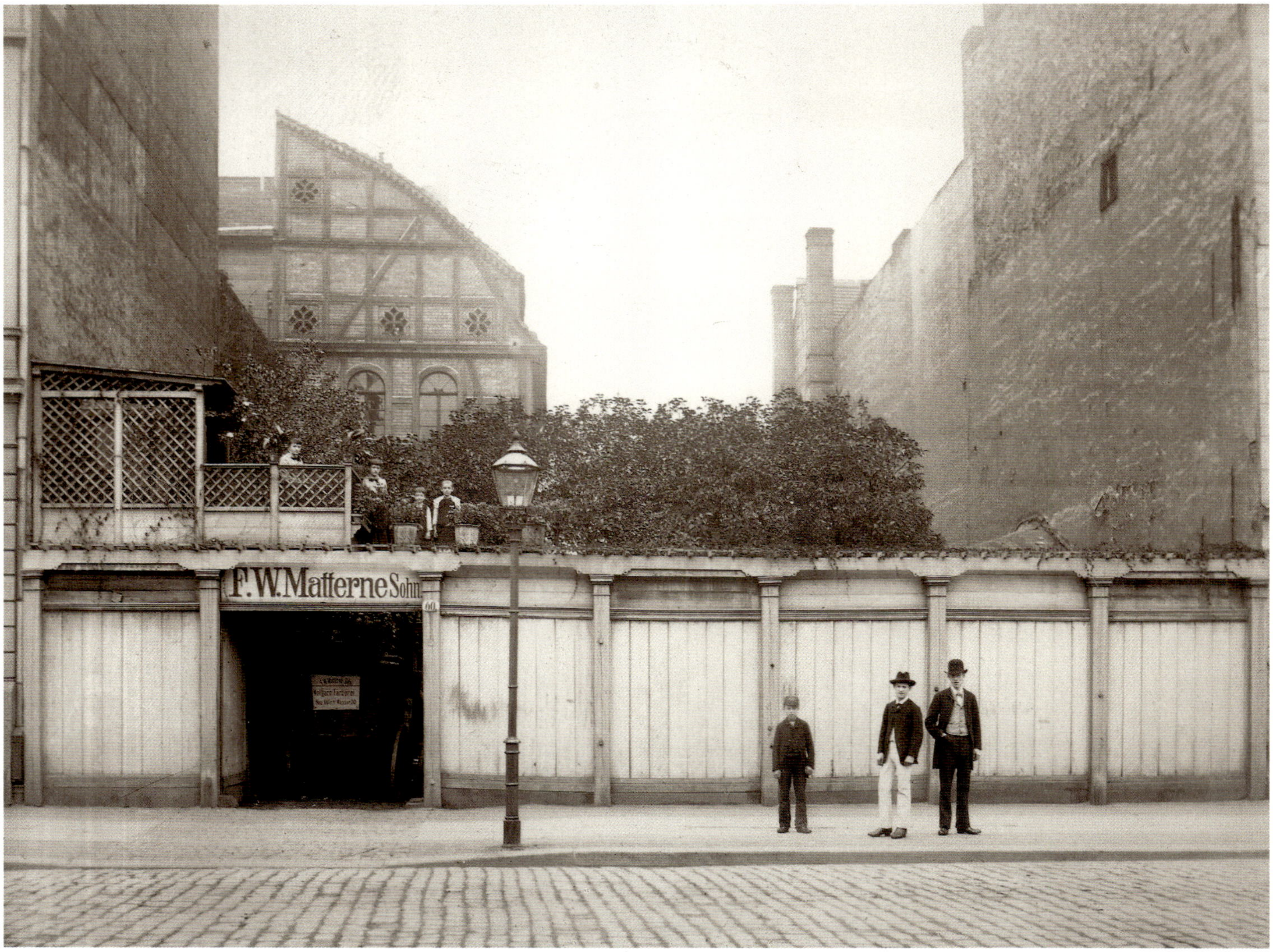


Wallstraße 60 mit Durchfahrt zur Wollgarn-Färberei von F.W.Matterne & Sohn,
Neu-Kölln am Wasser 20. (Mitte)
1890

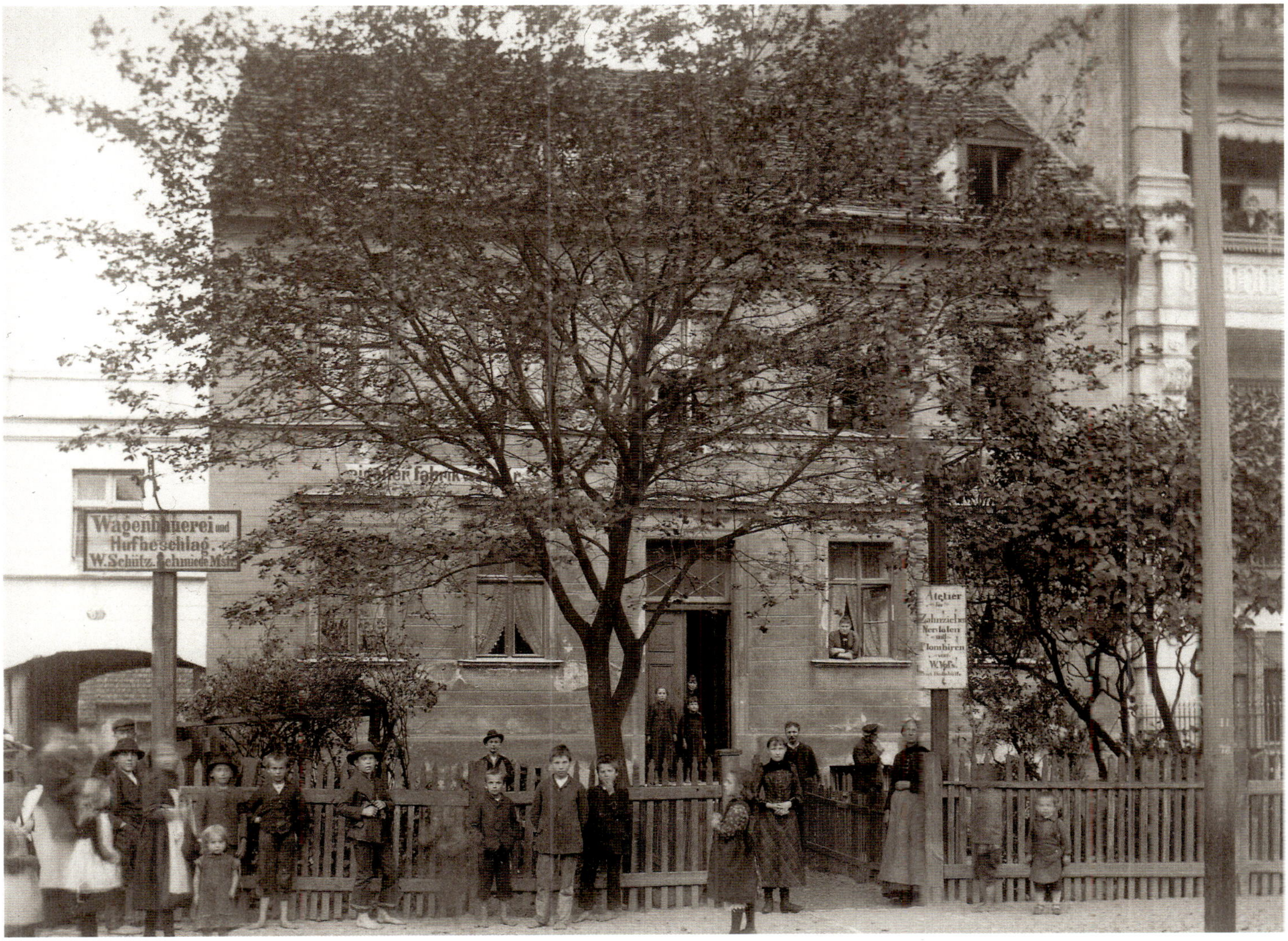


Schönhauser Allee 63. (Prenzlauer Berg)
1893

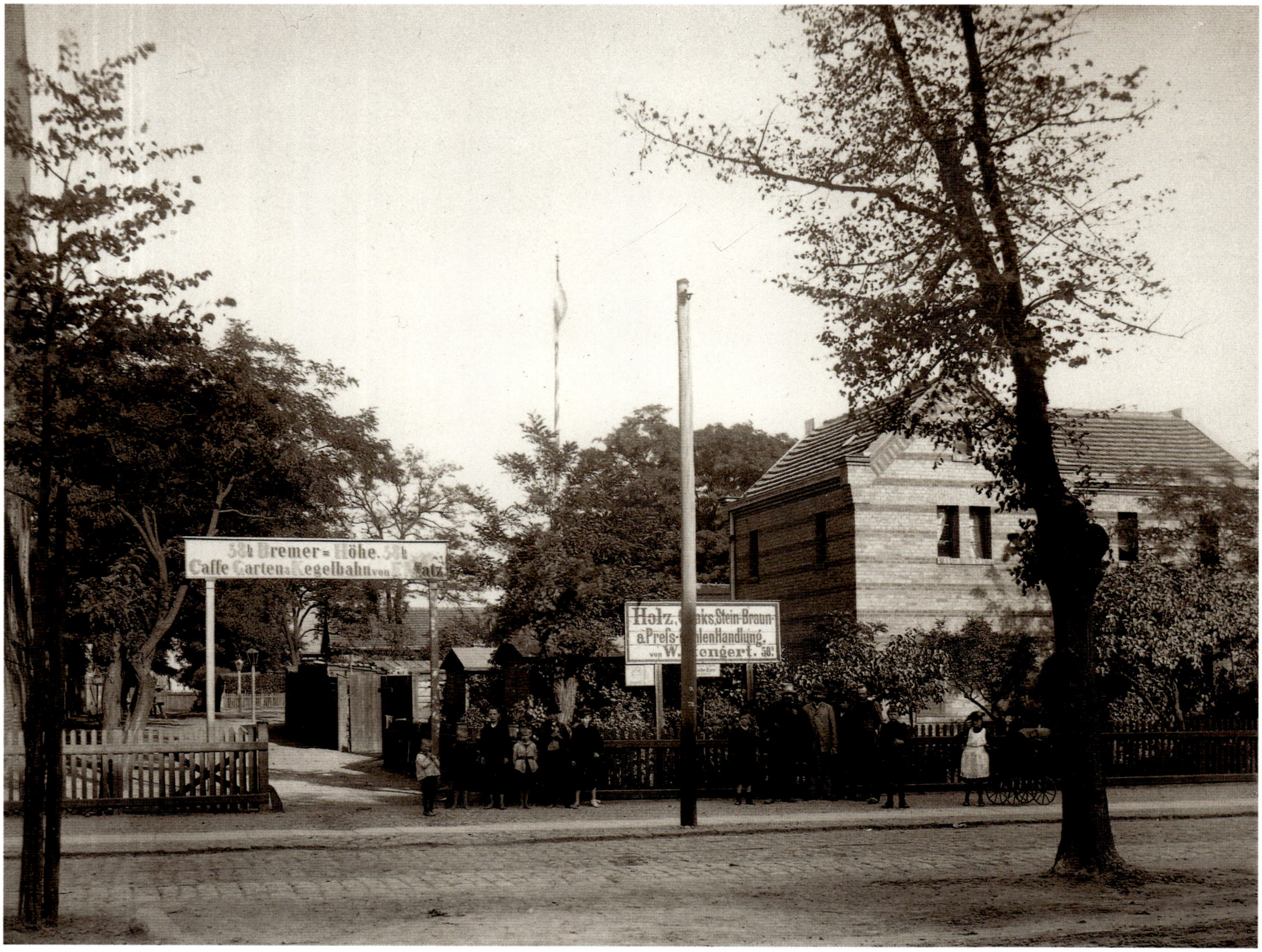


Schönhauser Allee 58b. Eingang zum Kaffee-Garten »Brehmer-Höhe« mit Kegelbahn. (Prenzlauer Berg)
1893

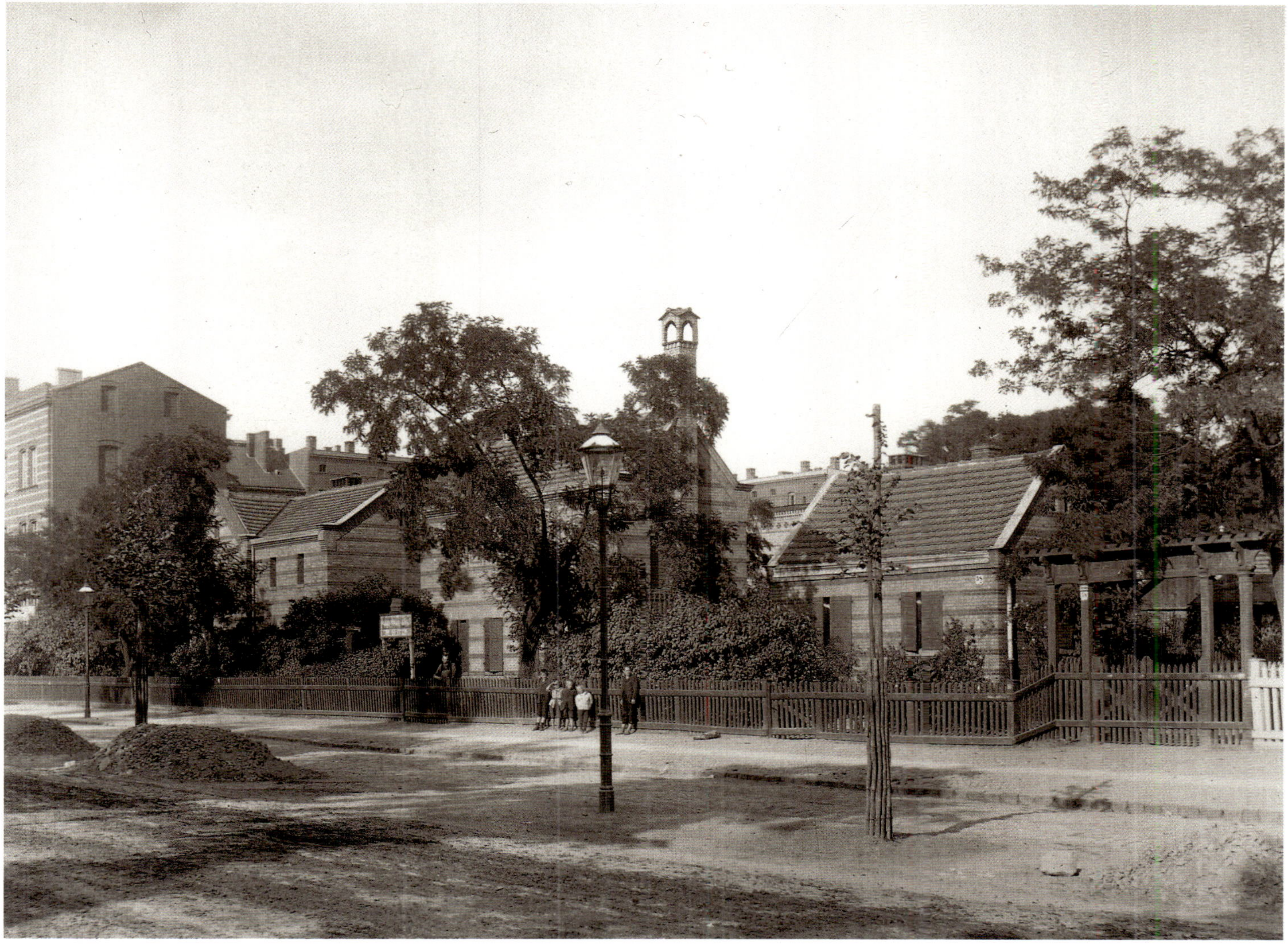

Schönhauser Allee 58/58b.
(Prenzlauer Berg)
1893

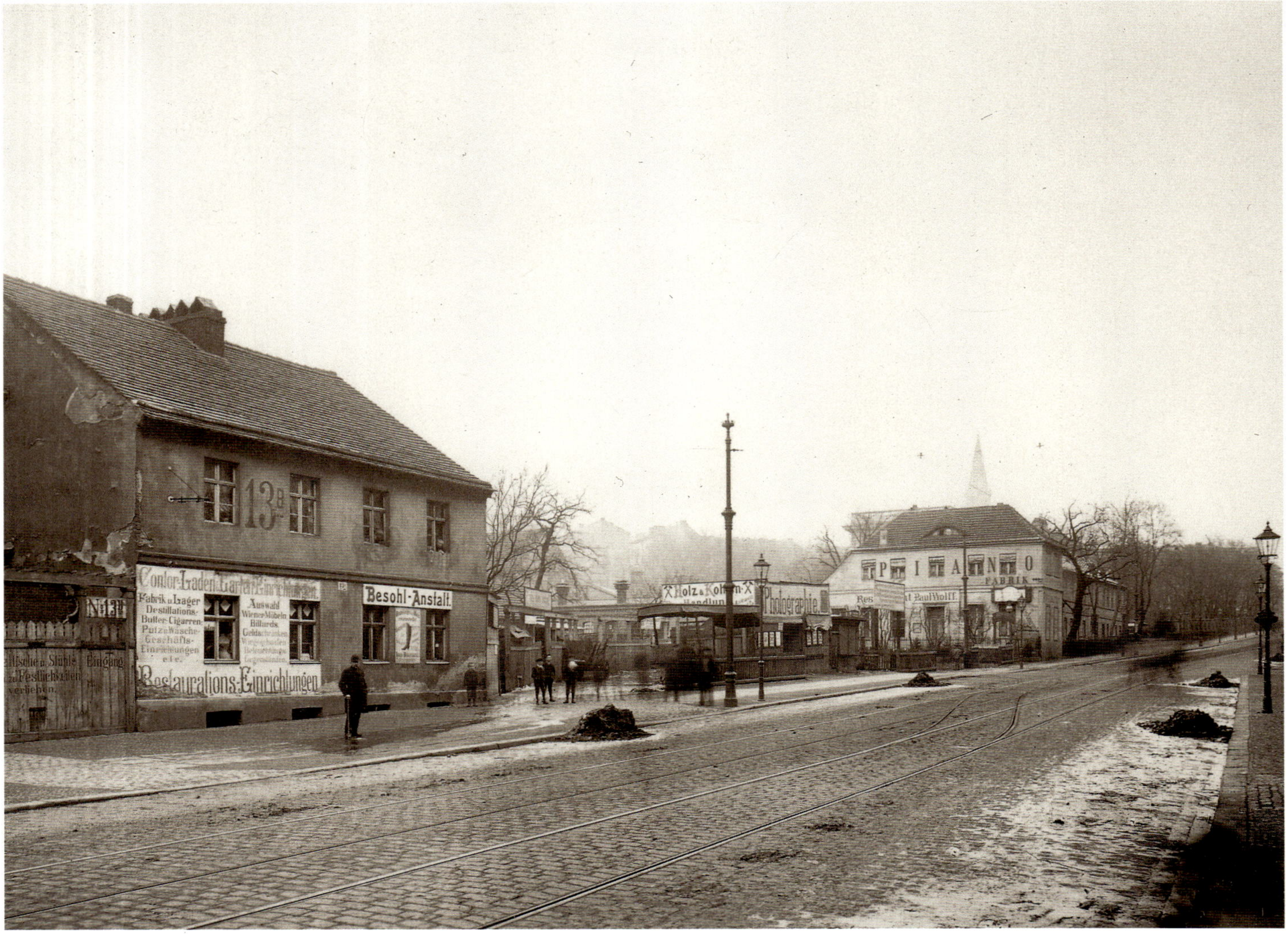


Weinbergsweg 12b/13b. Im Hintergrund schemenhaft der Turm der Zionskirche.
(Mitte)
1902

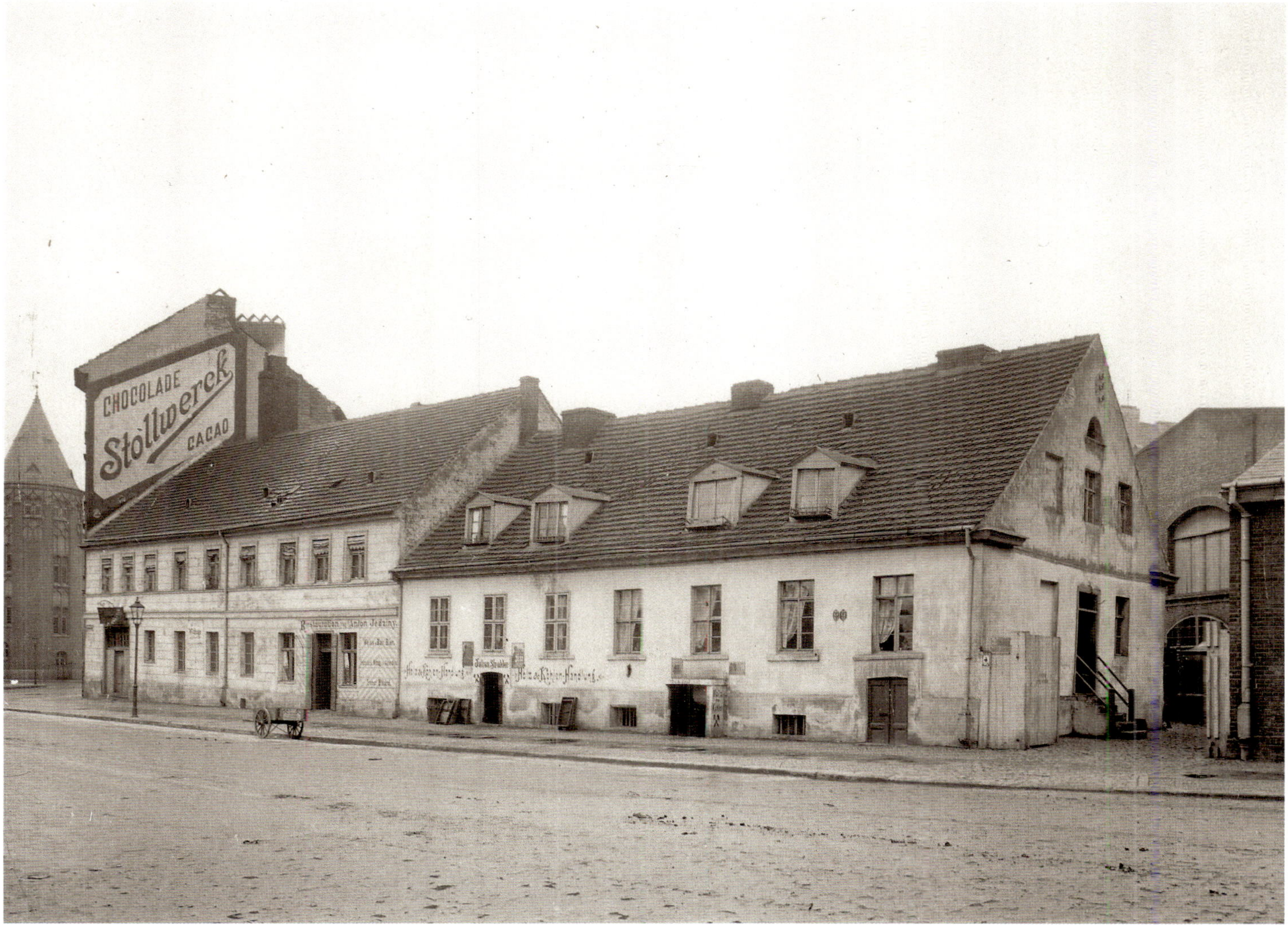


Unterbaumstraße 4/5. Am Ende der Straße beginnen die Bauten der Charité.
(Mitte)
1905

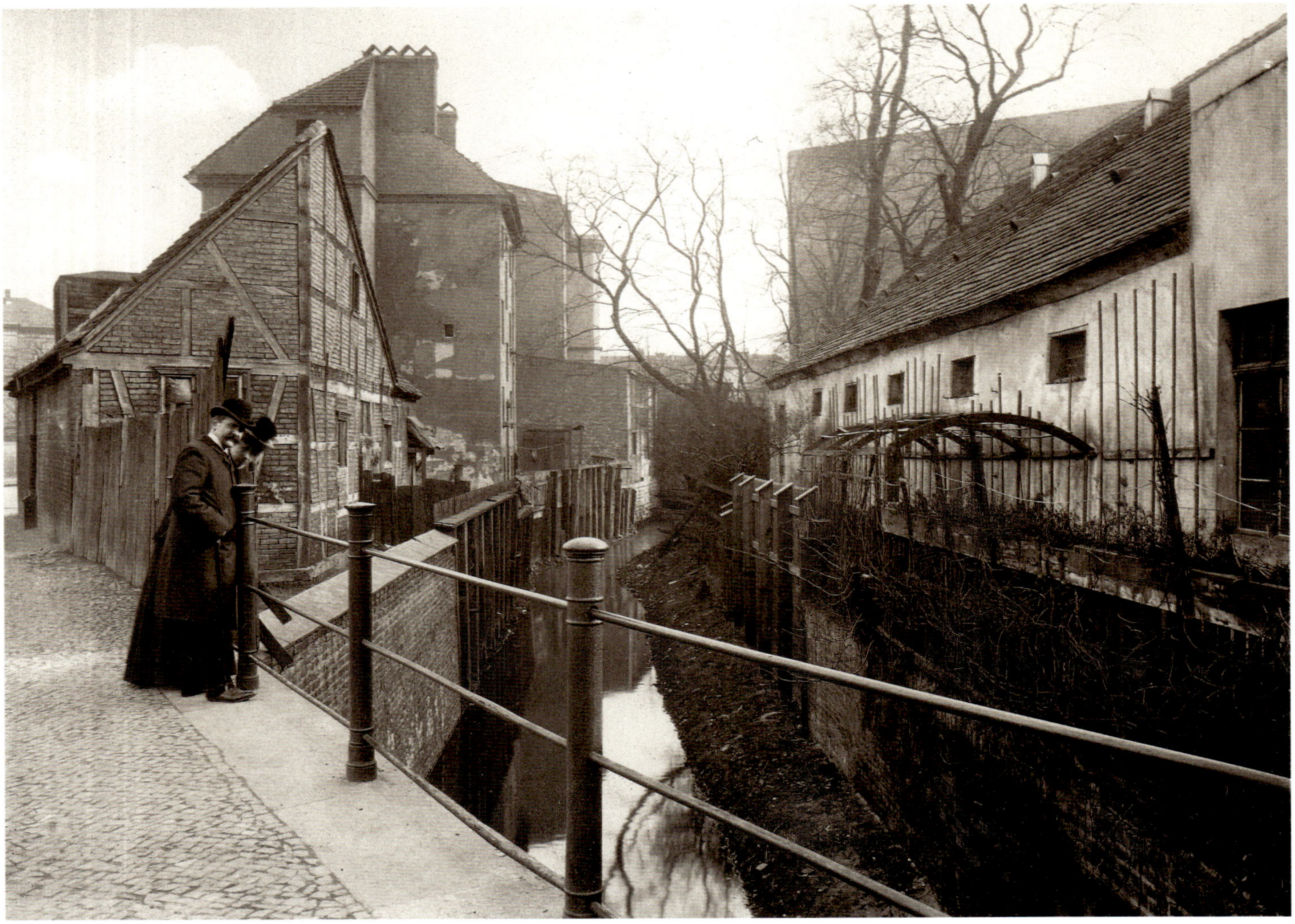

Hannoversche Straße 18/19 mit Blick über die Panke. (Mitte)
1904

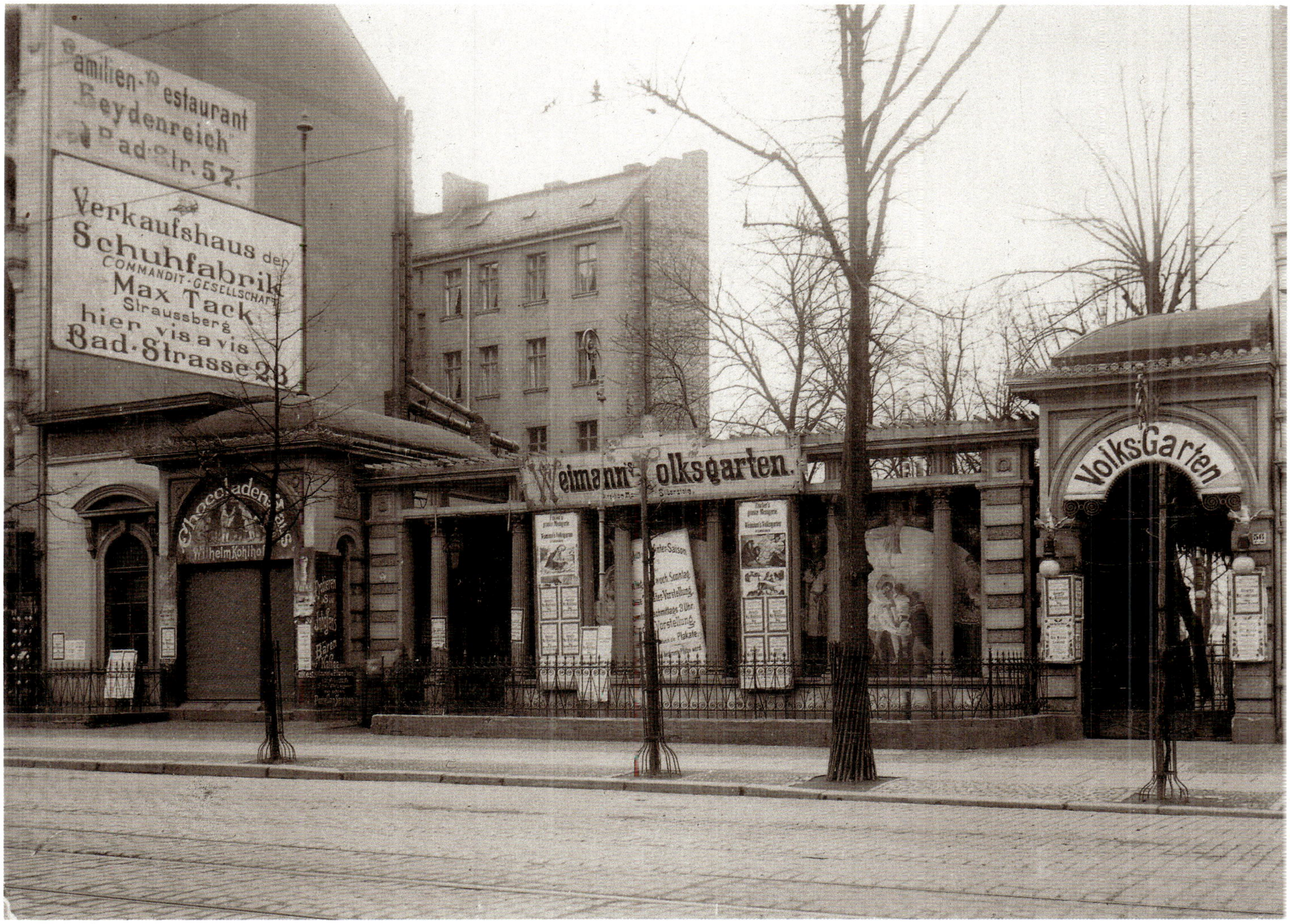


Badstraße 56 mit »Weimanns' Volksgarten«. Zwischen der Bad- und verlängerten Thurneyßerstraße wurde derzeit eine neue Bebauung geplant. (Wedding)
1905

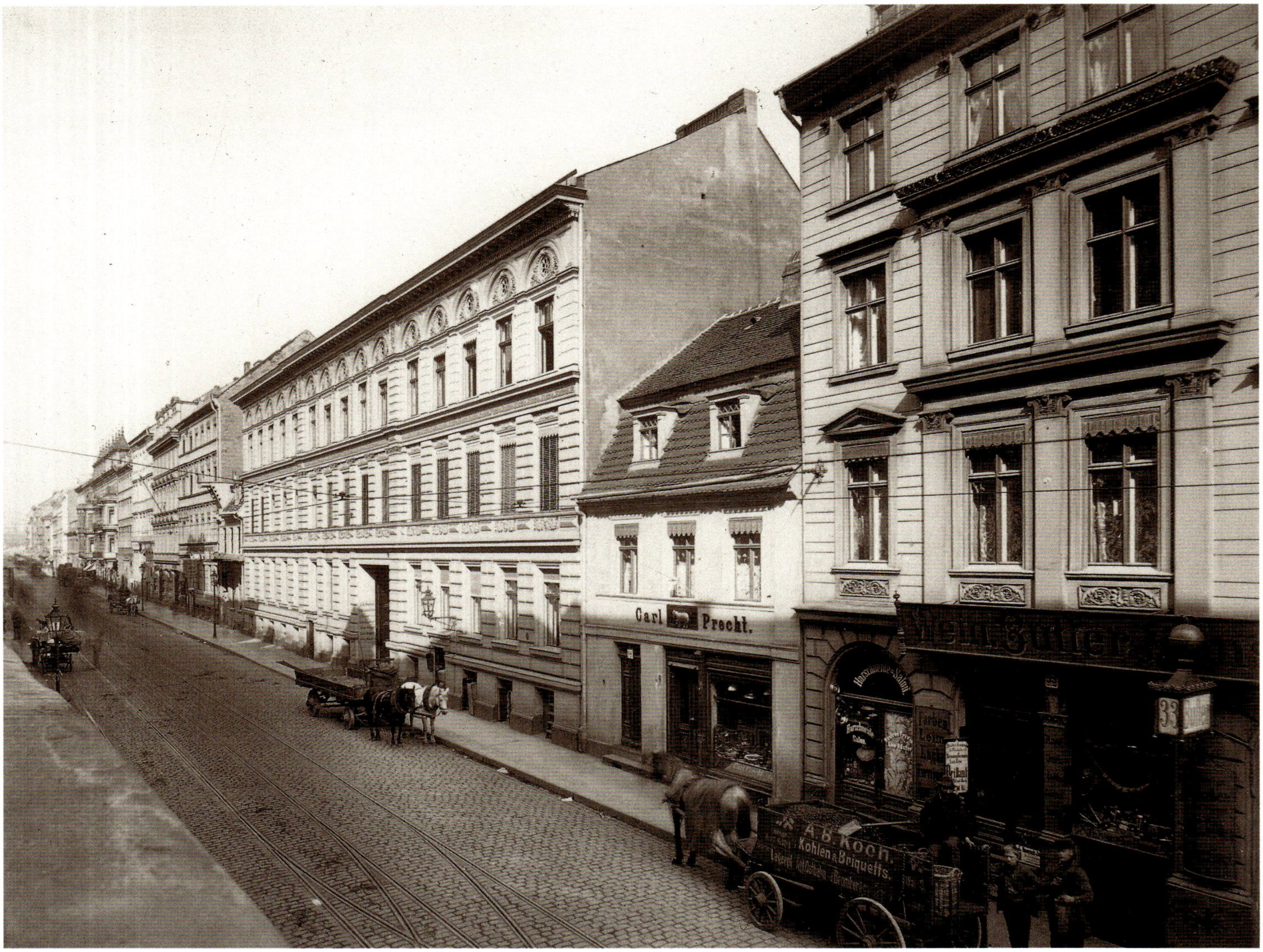


Prenzlauer Straße. (Prenzlauer Berg)
1899

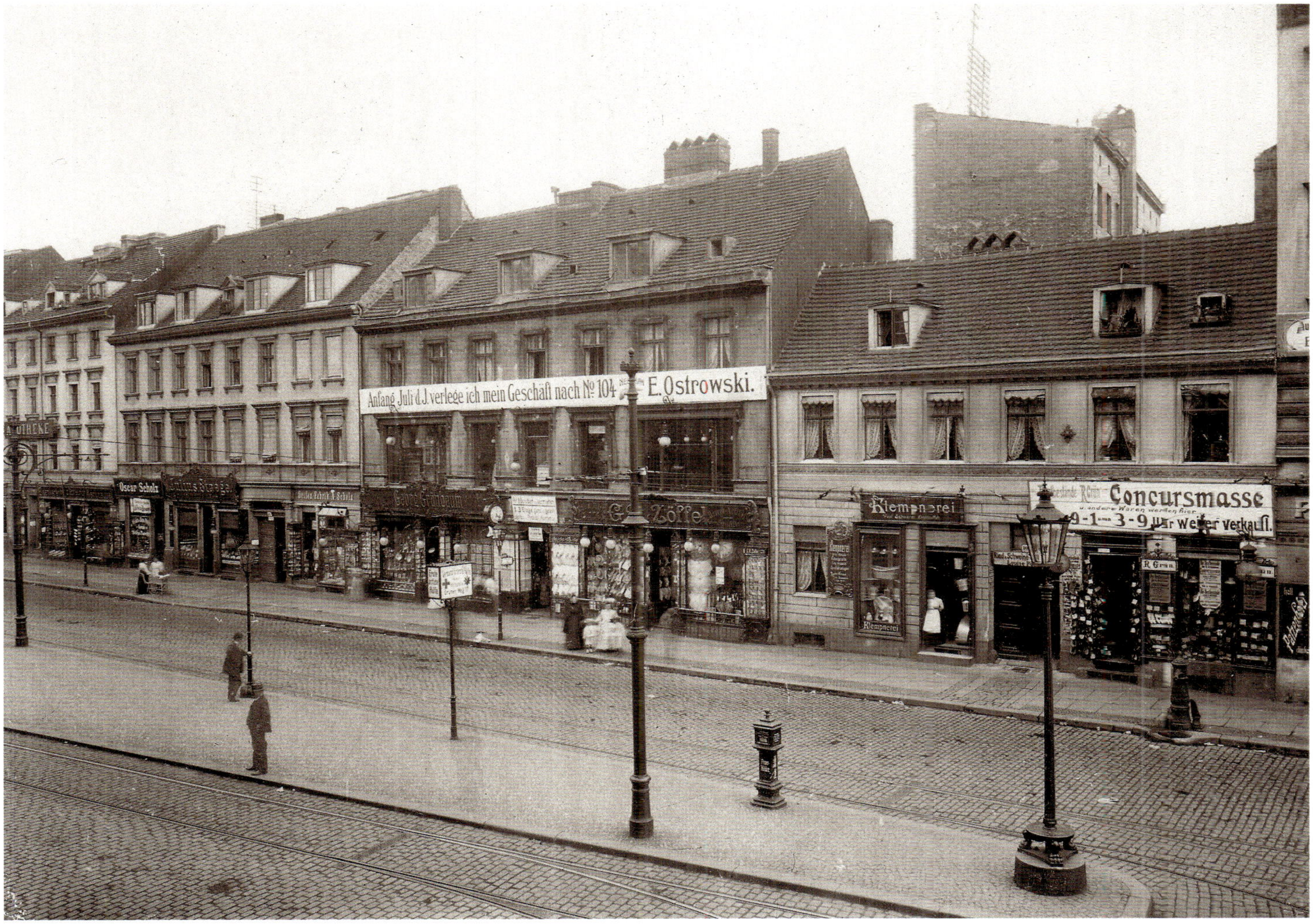


Große Frankfurter Straße 105–107. (Friedrichshain)
1904

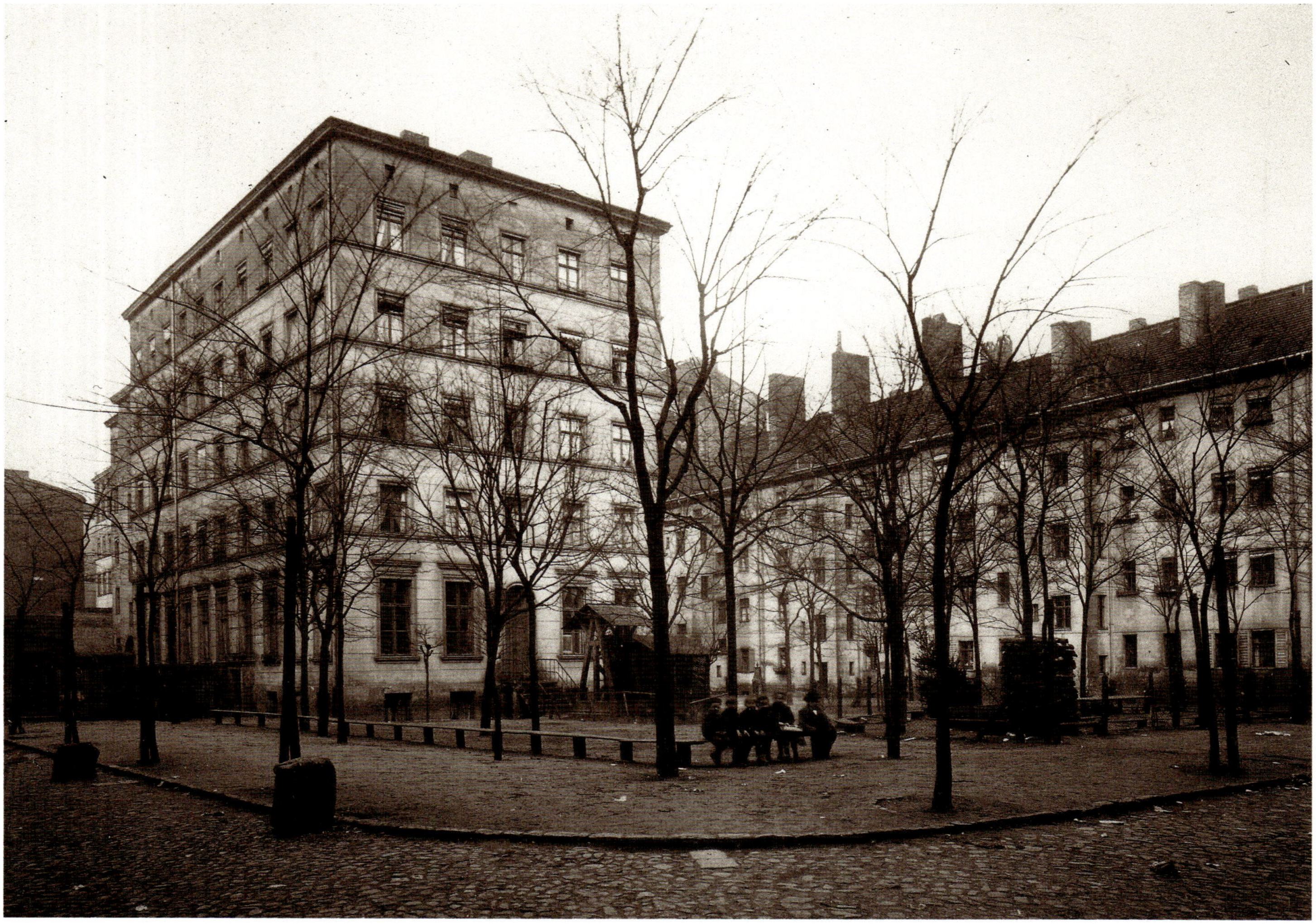

Ackerstraße 139–142 mit Hof. (Wedding)
1904

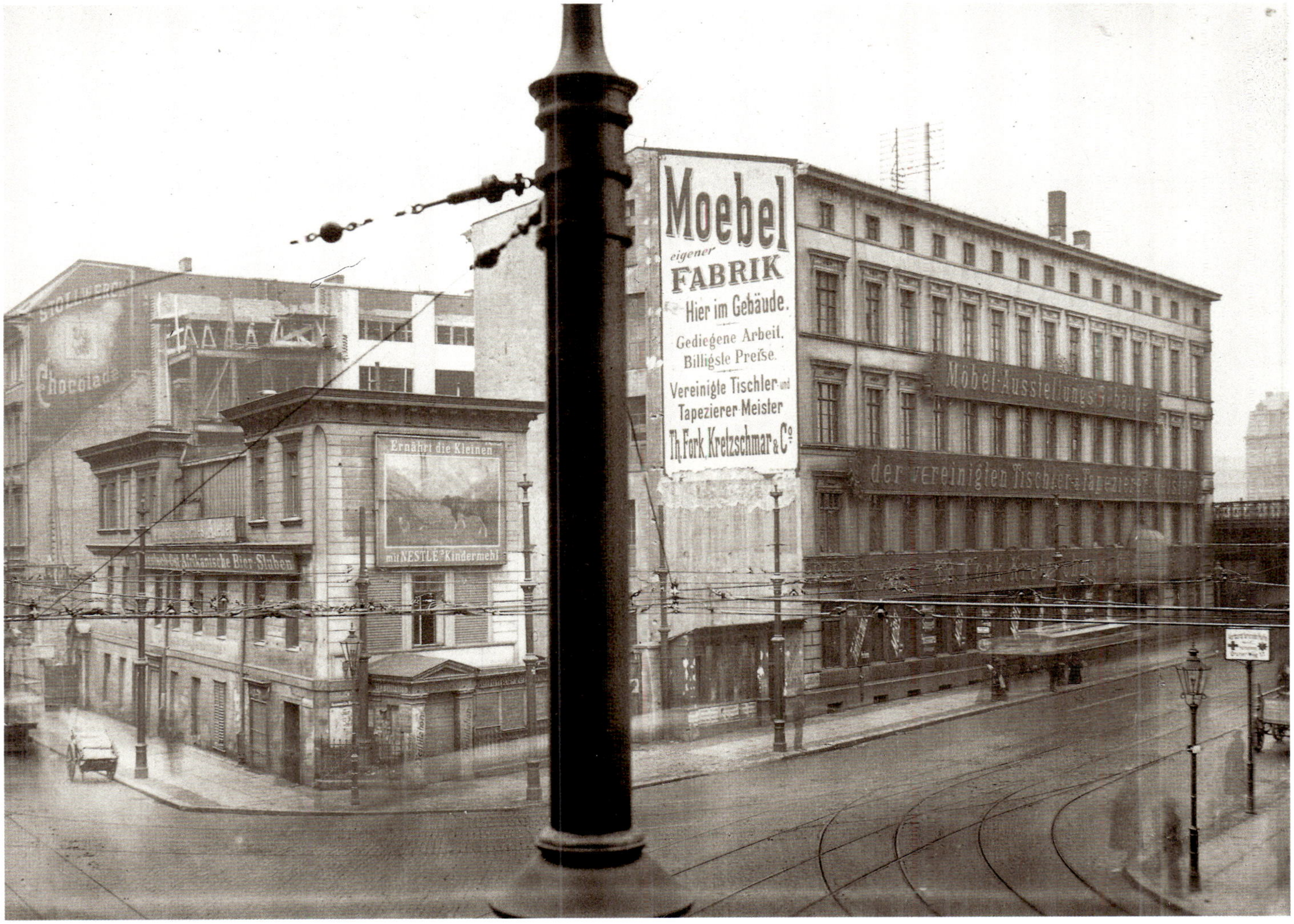


Holzmarktstraße 73, Ecke Jannowitzbrücke. (Mitte)
1903

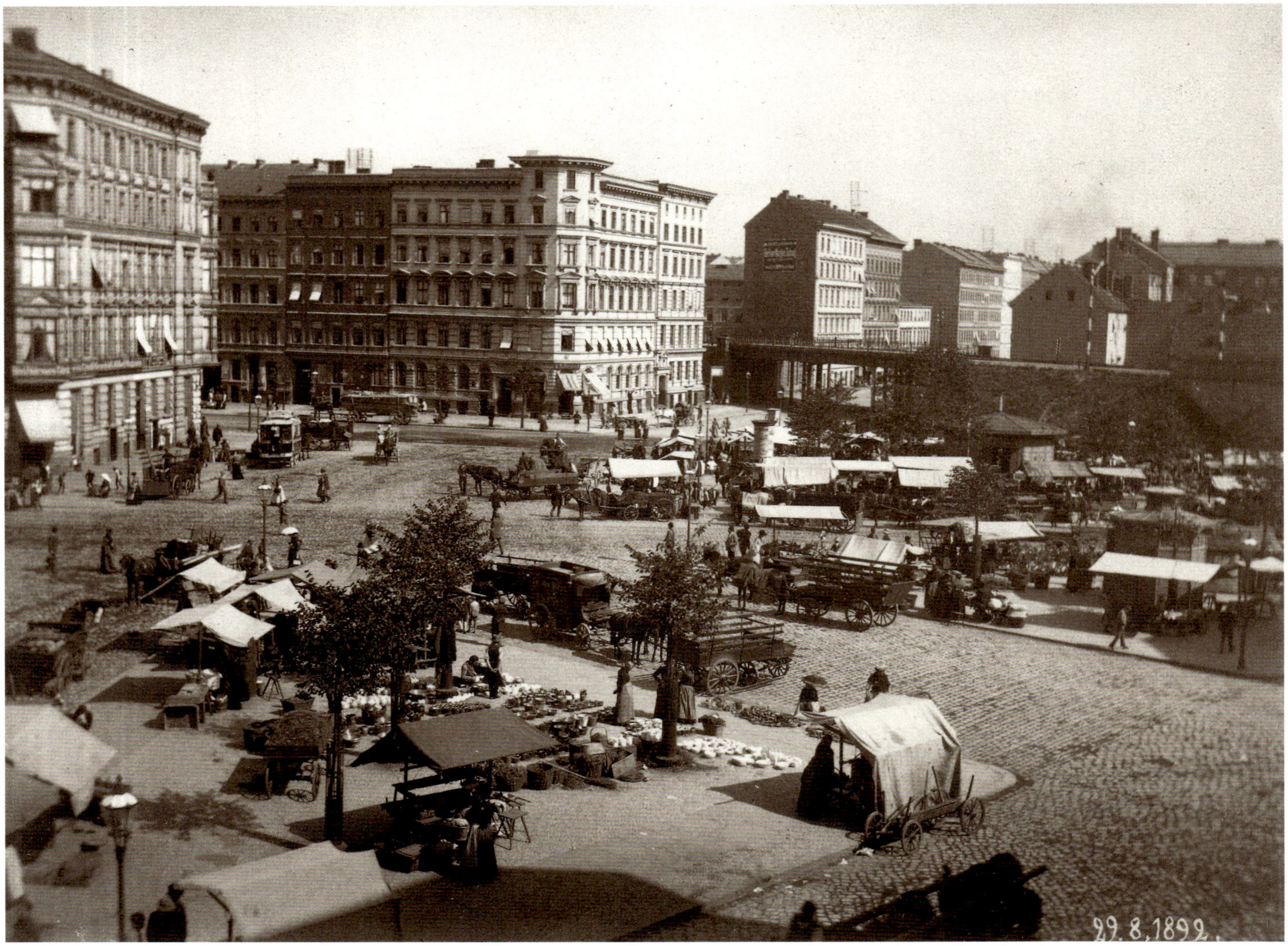


Weddingplatz mit Wochenmarkt. Mit der Eröffnung von Markthallen ab 1886 wurden in der Folge die Wochenmärkte erheblich eingeschränkt. (Wedding)

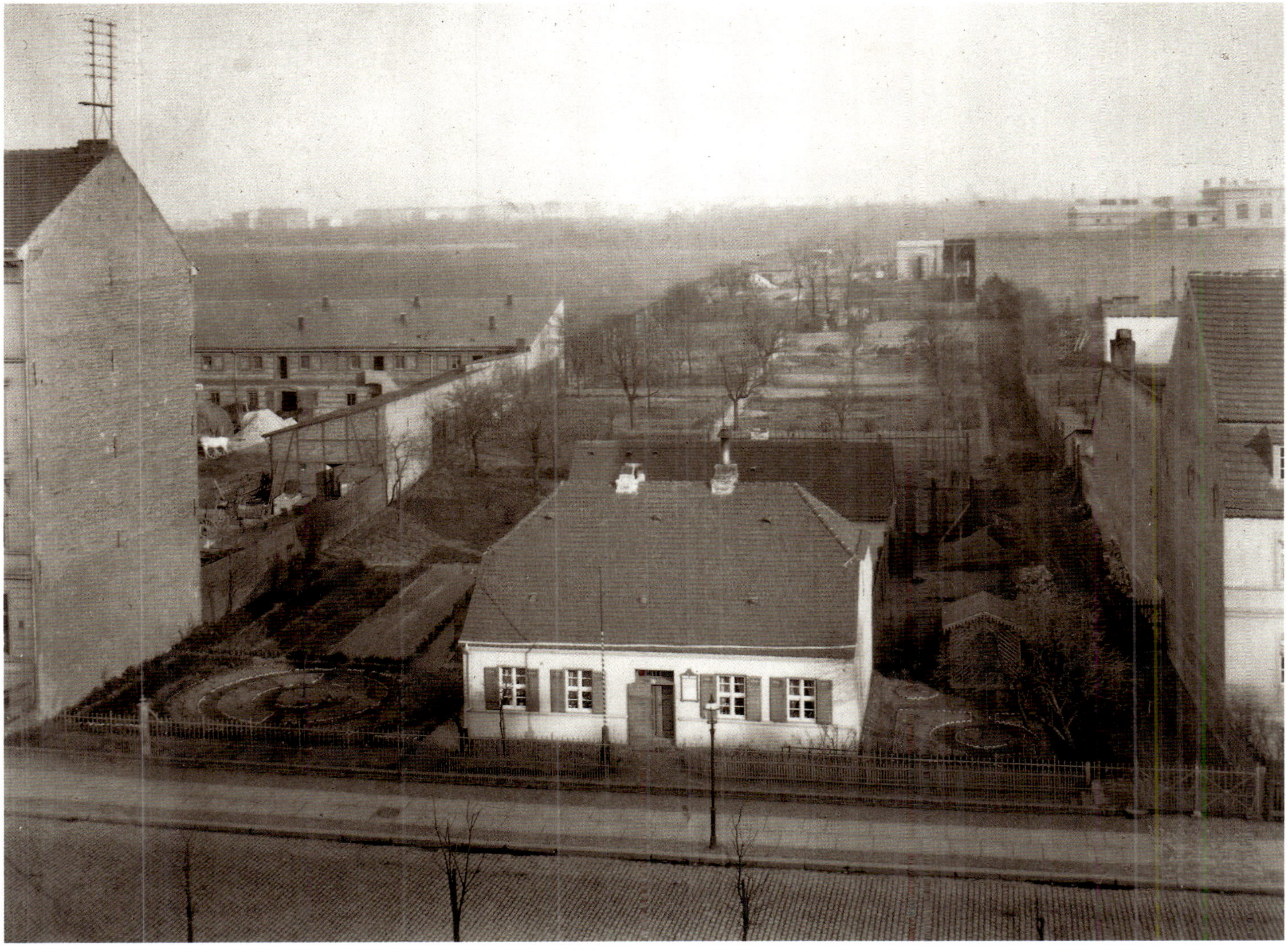

Greifswalder Straße [illegible]6. (Prenzlauer Berg)
1890

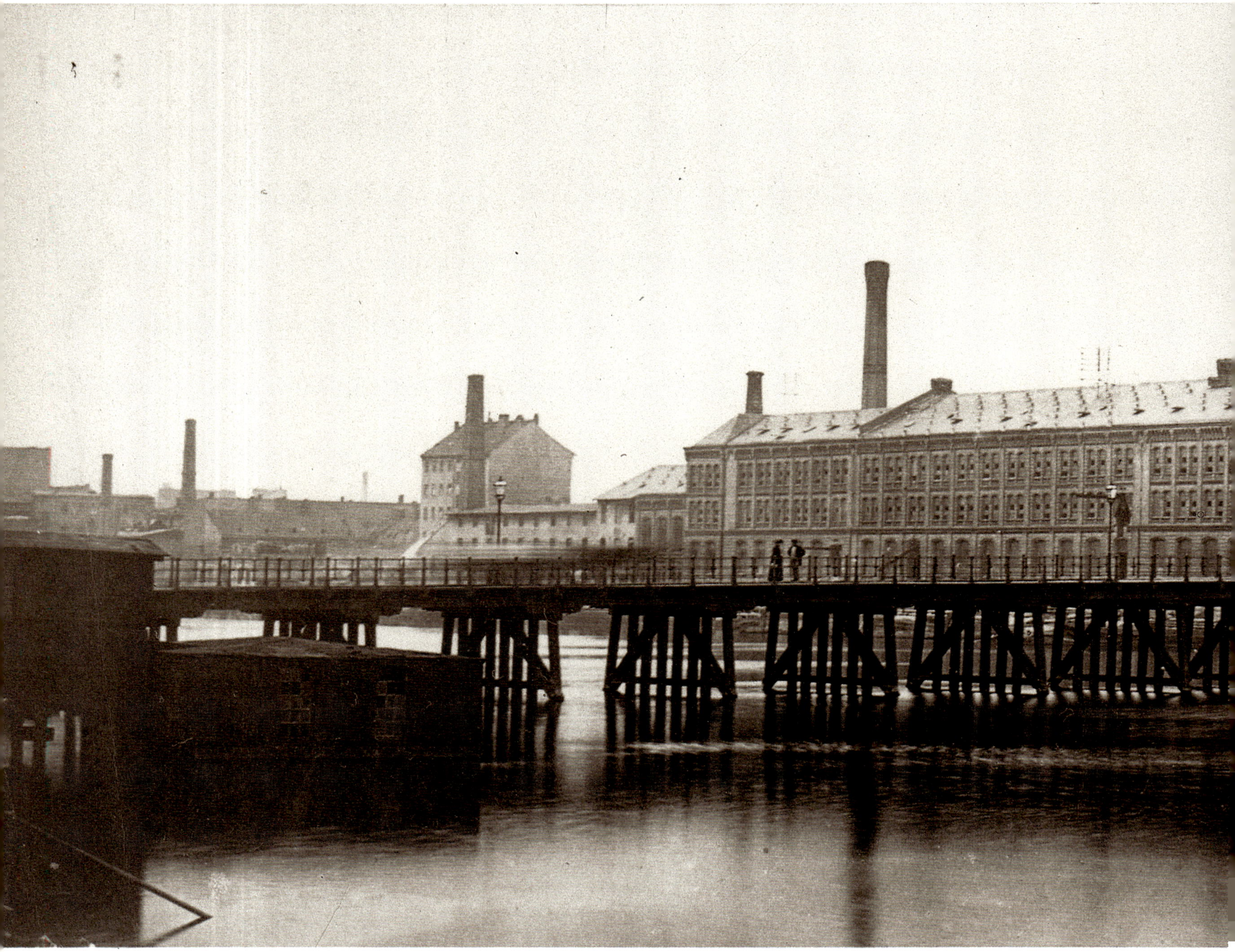

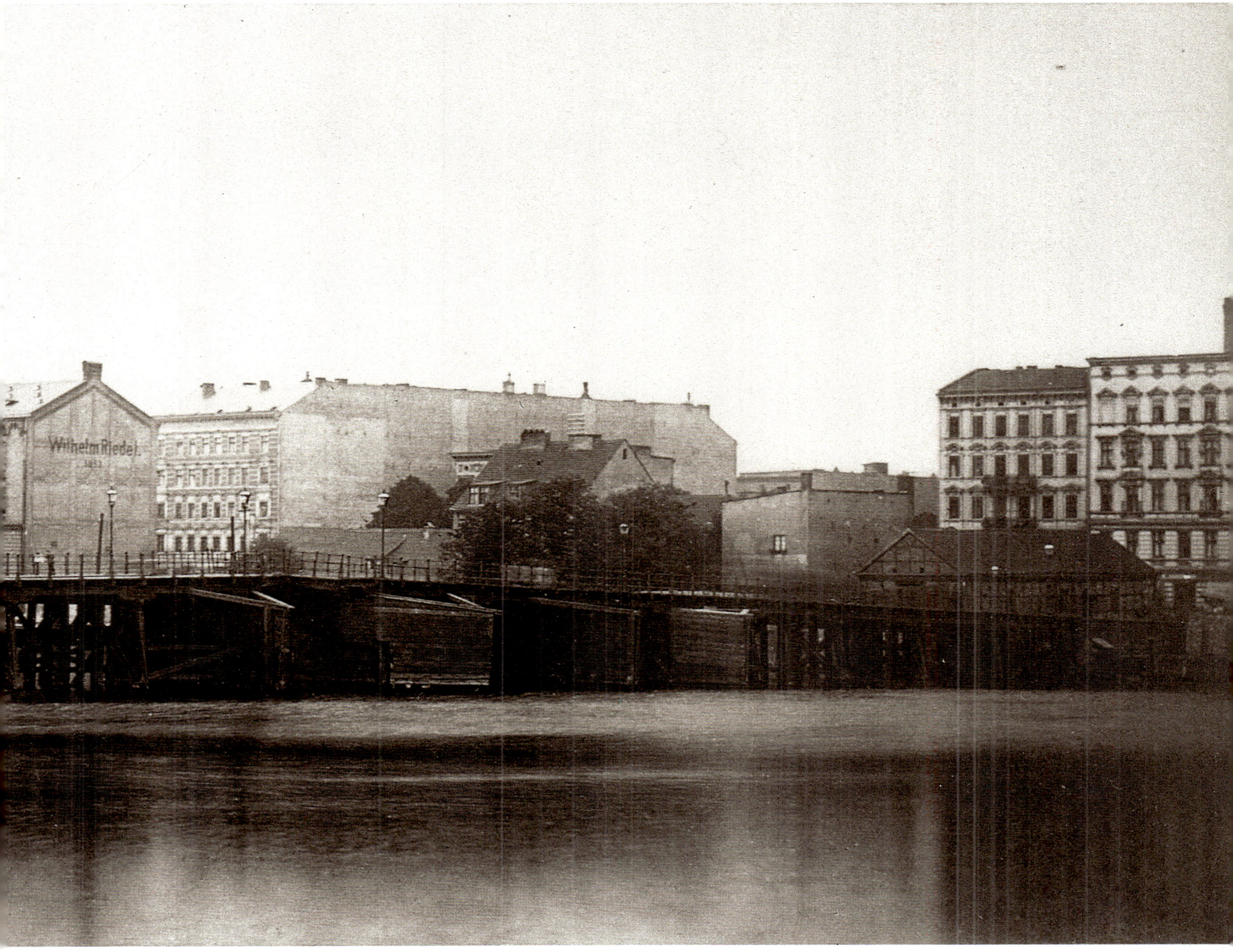


Alte Oberbaumbrücke vor dem Abbruch. Sie wurde 1895/1896 durch eine neue Brücke in märkischer Backsteinarchitektur ersetzt. (Friedrichshain)
1893

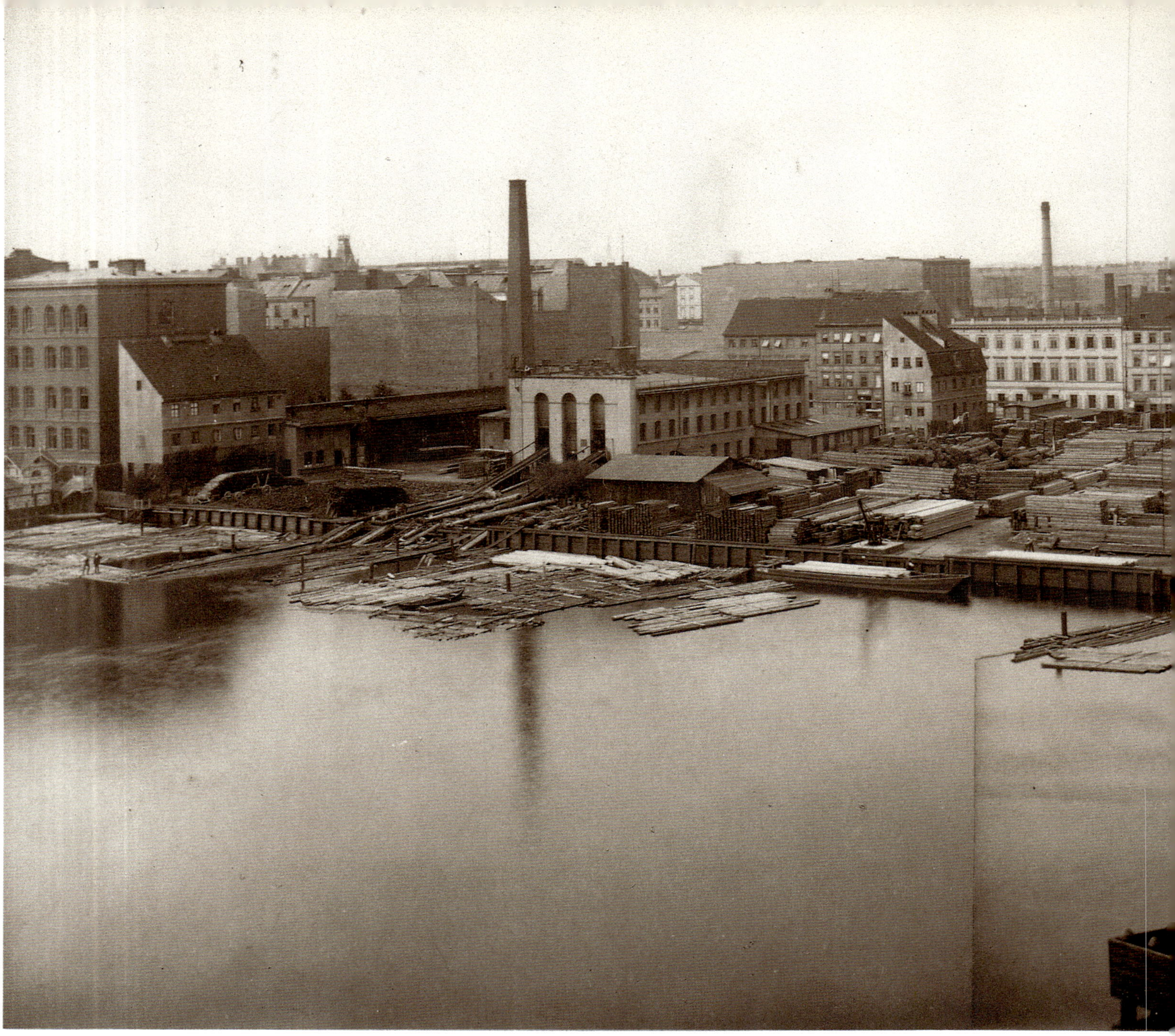

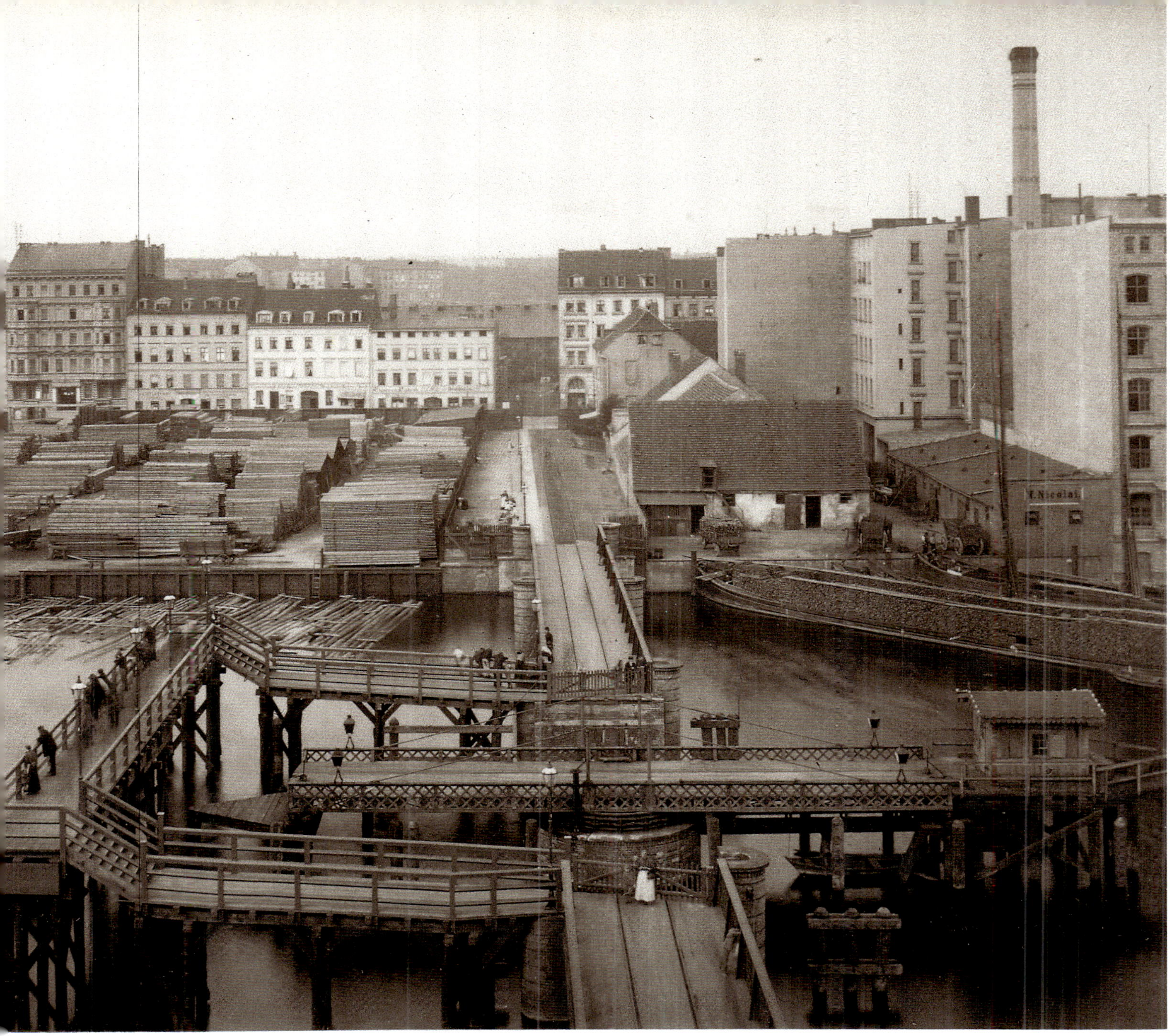


Eisenbahnbrücke mit der Mühlenstraße. Sie verband zugleich als Fußgängerbrücke den Südosten mit dem Osten der Stadt. Als Schiffsdurchlaß diente eine Drehbrücke. Im Dezember 1909 wurde anstelle dieser alten hölzernen Brücke die Brommybrücke eröffnet. (Friedrichshain)
1894

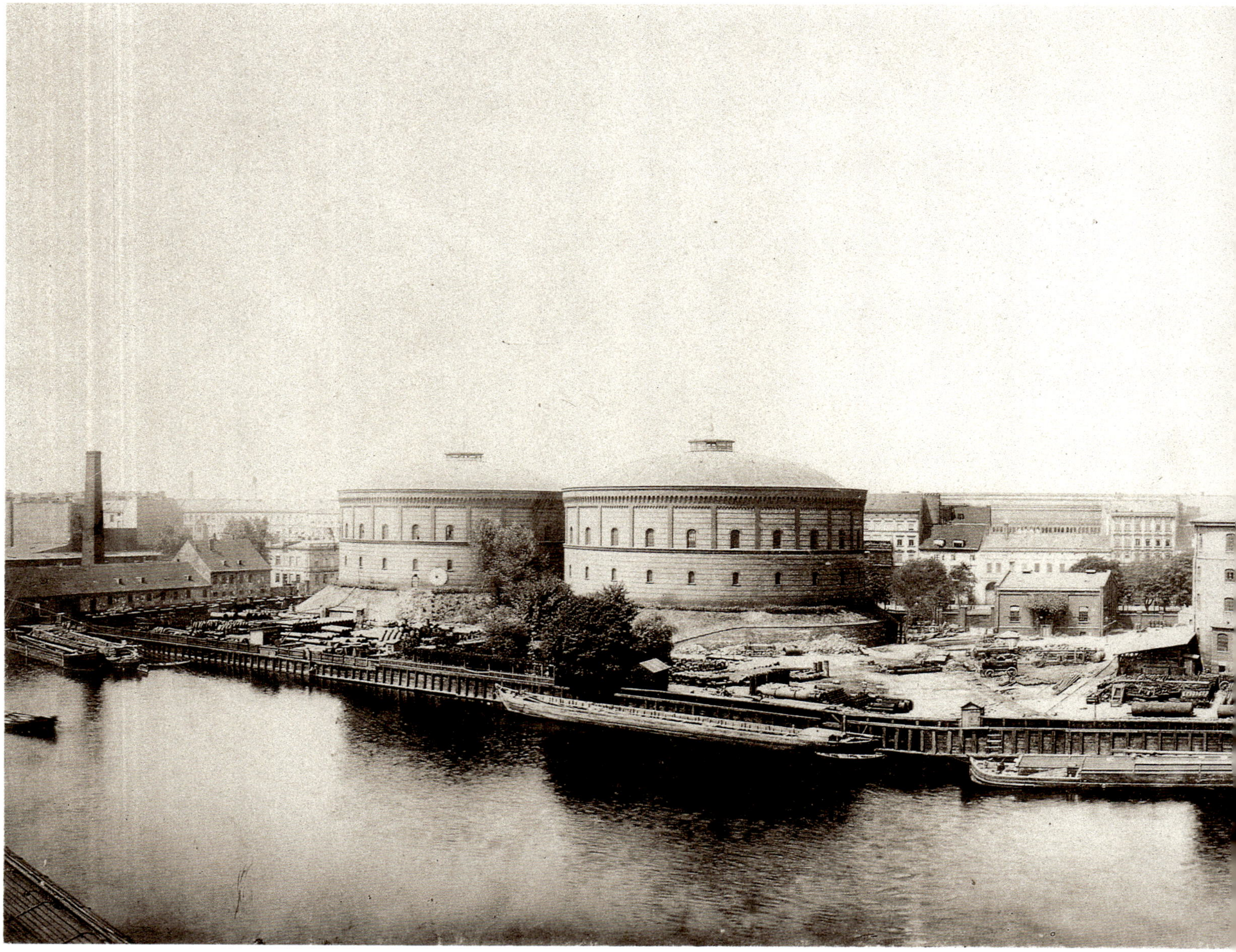

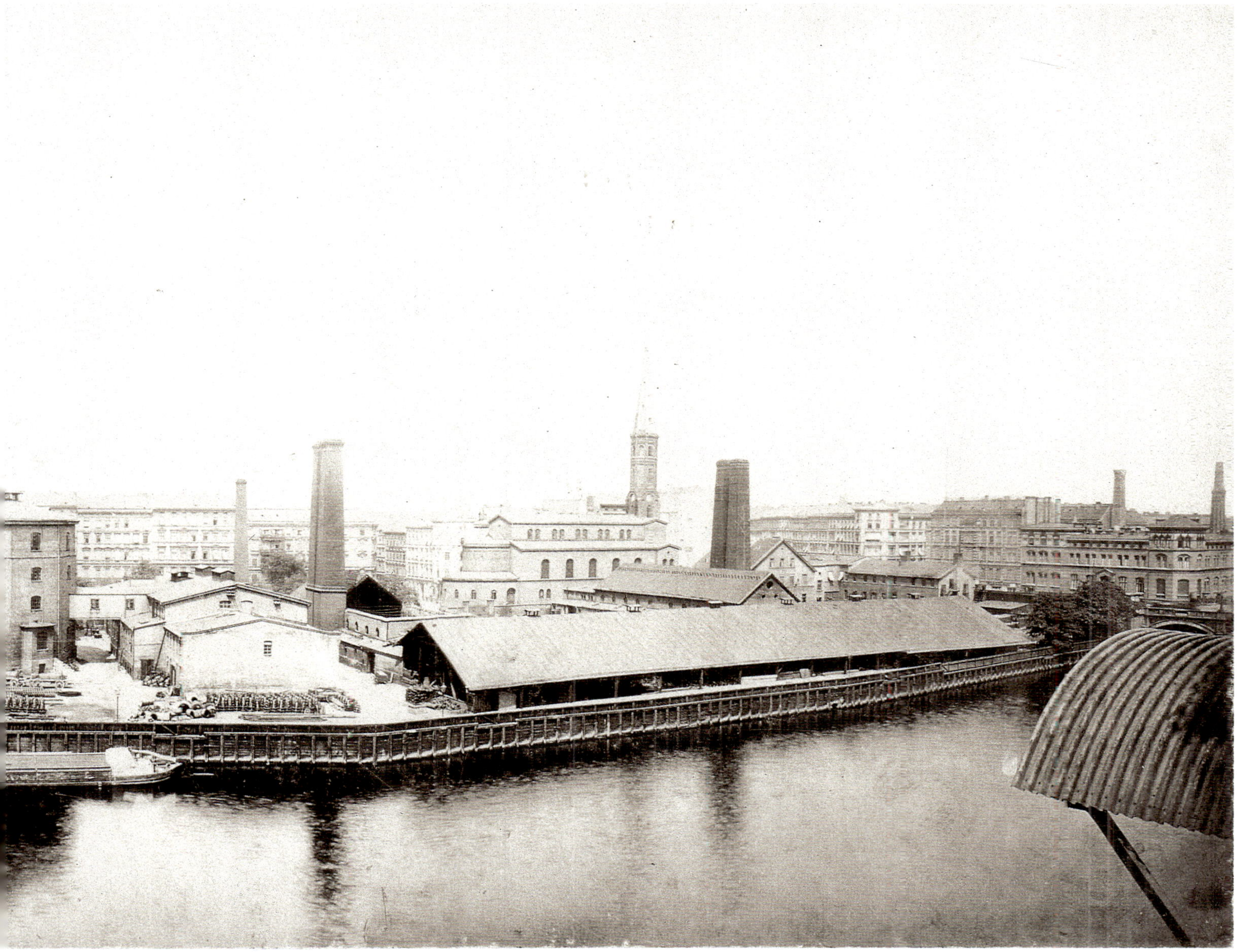

Städtische Gasanstalt am Stralauer Platz von der Köpenicker Straße aus. 1845 wurde von der Berliner Stadtgemeinde der Bau von zwei neuen Gasanstalten begonnen. Dies war für den Süden die Gasanstalt am Hellweg und für den Norden die Gasanstalt am Stralauer Platz. Beide Anstalten wurden im Januar 1847 eröffnet. (Mitte)
1901

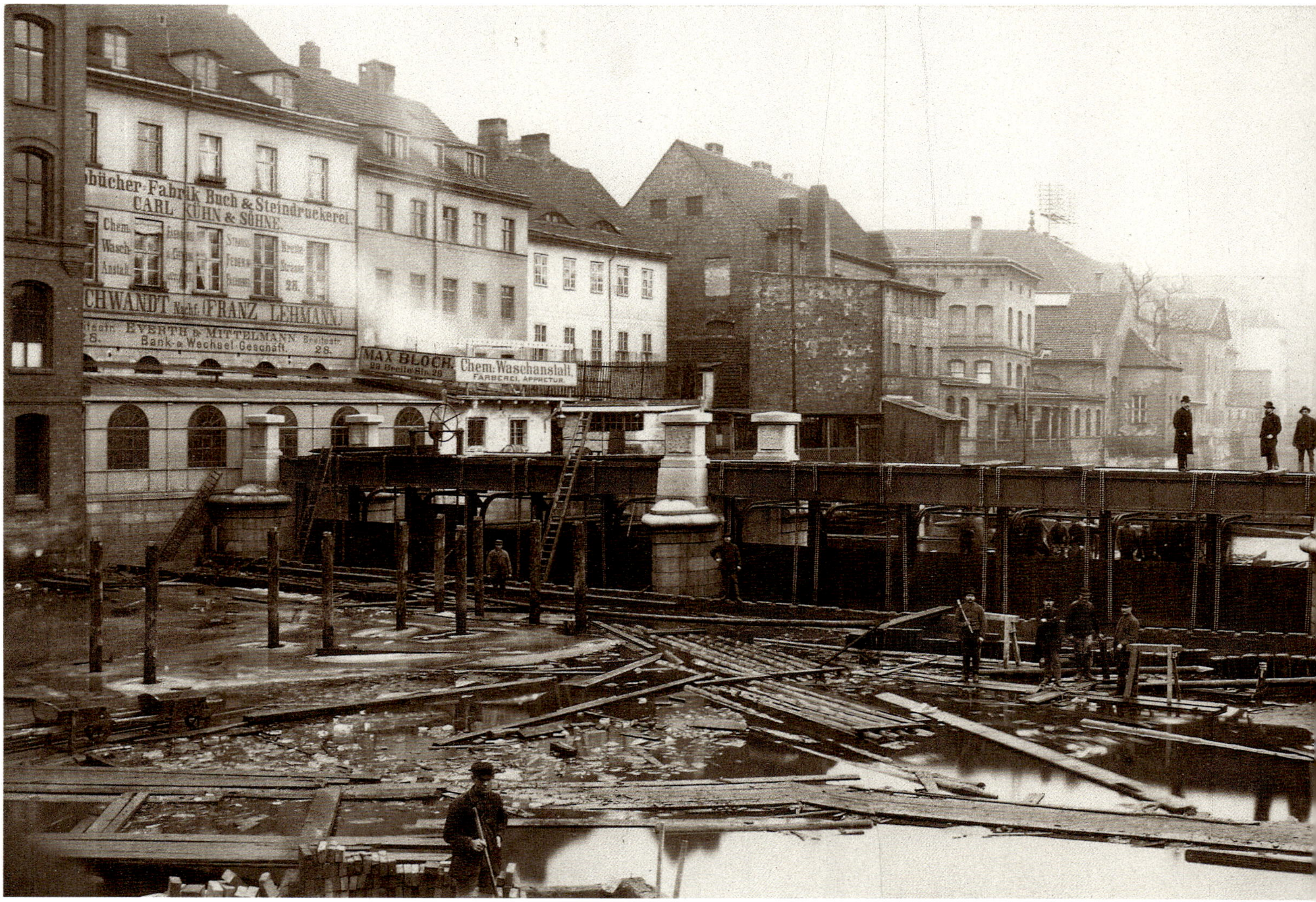
bücher-Fabrik Buch & Steindruckerei.
CARL KÜHN & SÖHNE.
Chem. Wasch-Anstalt
Breite Strasse 28.
CHWANDT Nachf. (FRANZ LEHMANN)
EVERTH & MITTELMANN
Bank- u. Wechsel-Geschäft.
Breitestr. 28.
MAX BLOCH.
28 Breite Str. 28
Chem: Waschanstalt.
FÄRBEREI, APPRETUR.

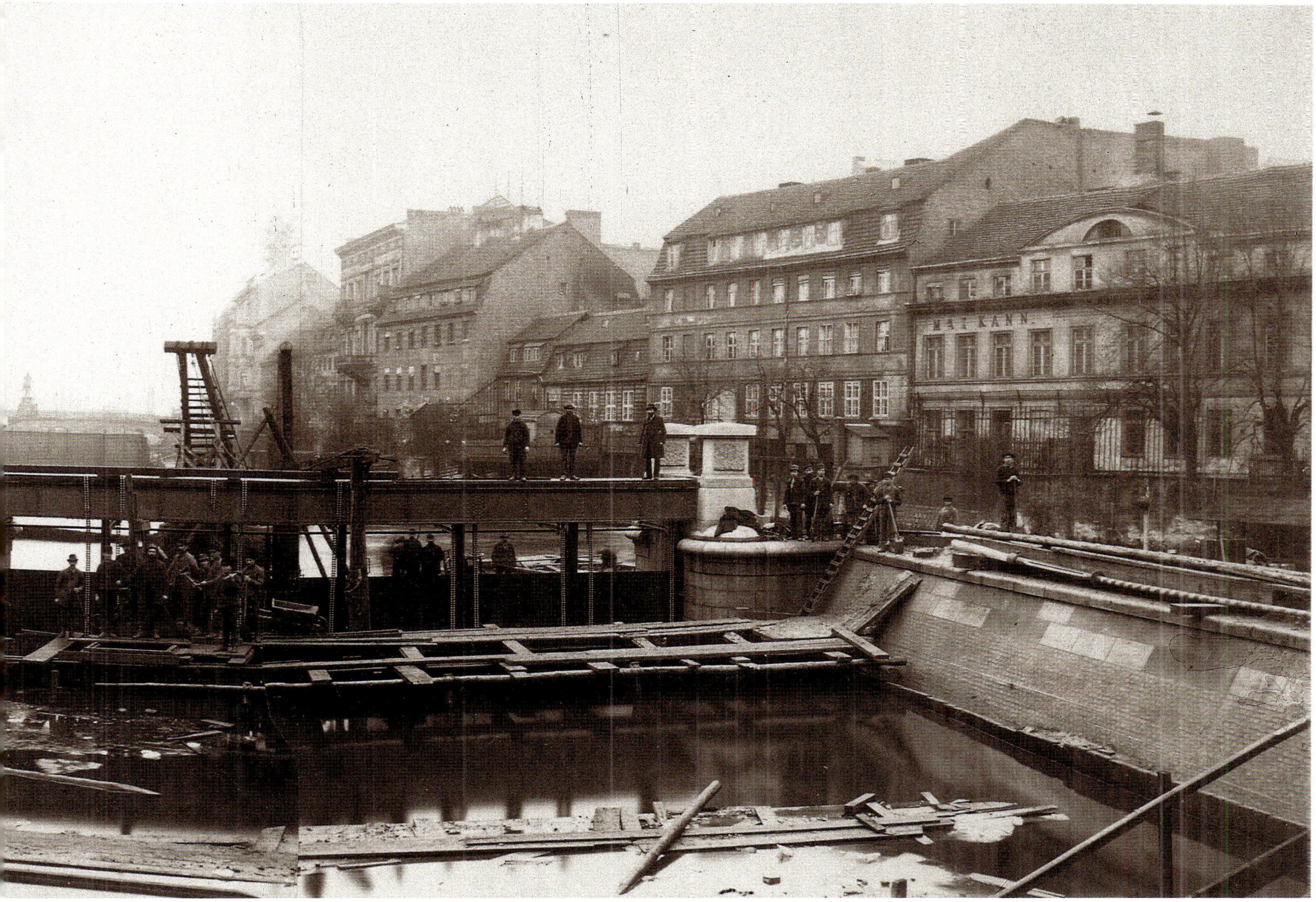

Bau einer neuen Wehranlage am Mühlendamm zwischen 1888 und 1893. Sie war ein Teil einer umfassenden Kanalisierung der Unterspree zur Verbesserung im Schiffs- und Straßenverkehr sowie im Brückenbau. (Mitte)
Januar 1890

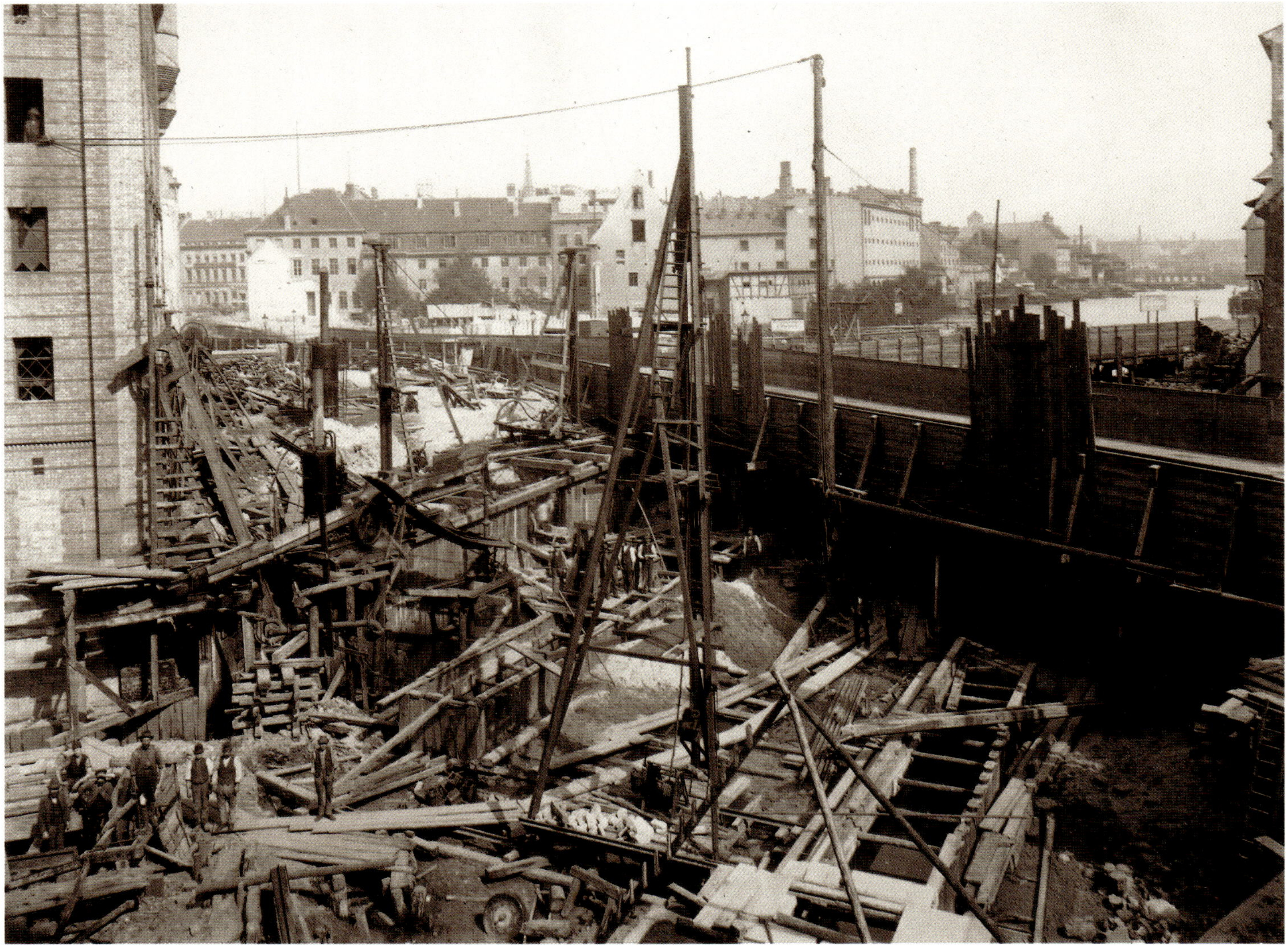

Mühlendamm im Bau. Er wurde 1888 bis 1893 infolge einer Spreeregulierung umgestaltet und mit neuen Schleusen- und Wehranlagen versehen. (Mitte)
1890

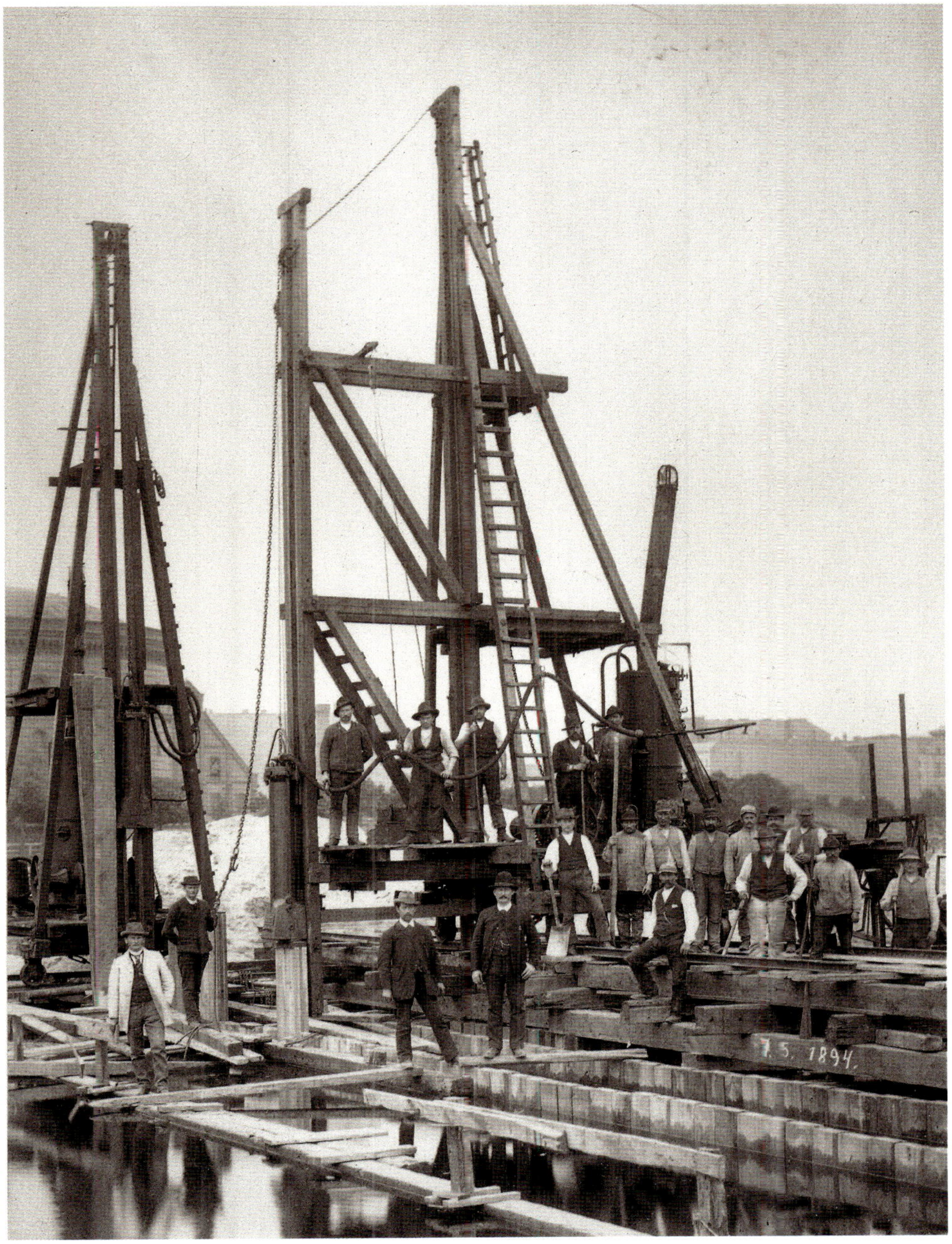


Bau des Urbanhafens. Er entstand von 1891 bis 1896 als erster städtischer Hafen.
(Kreuzberg)
1894

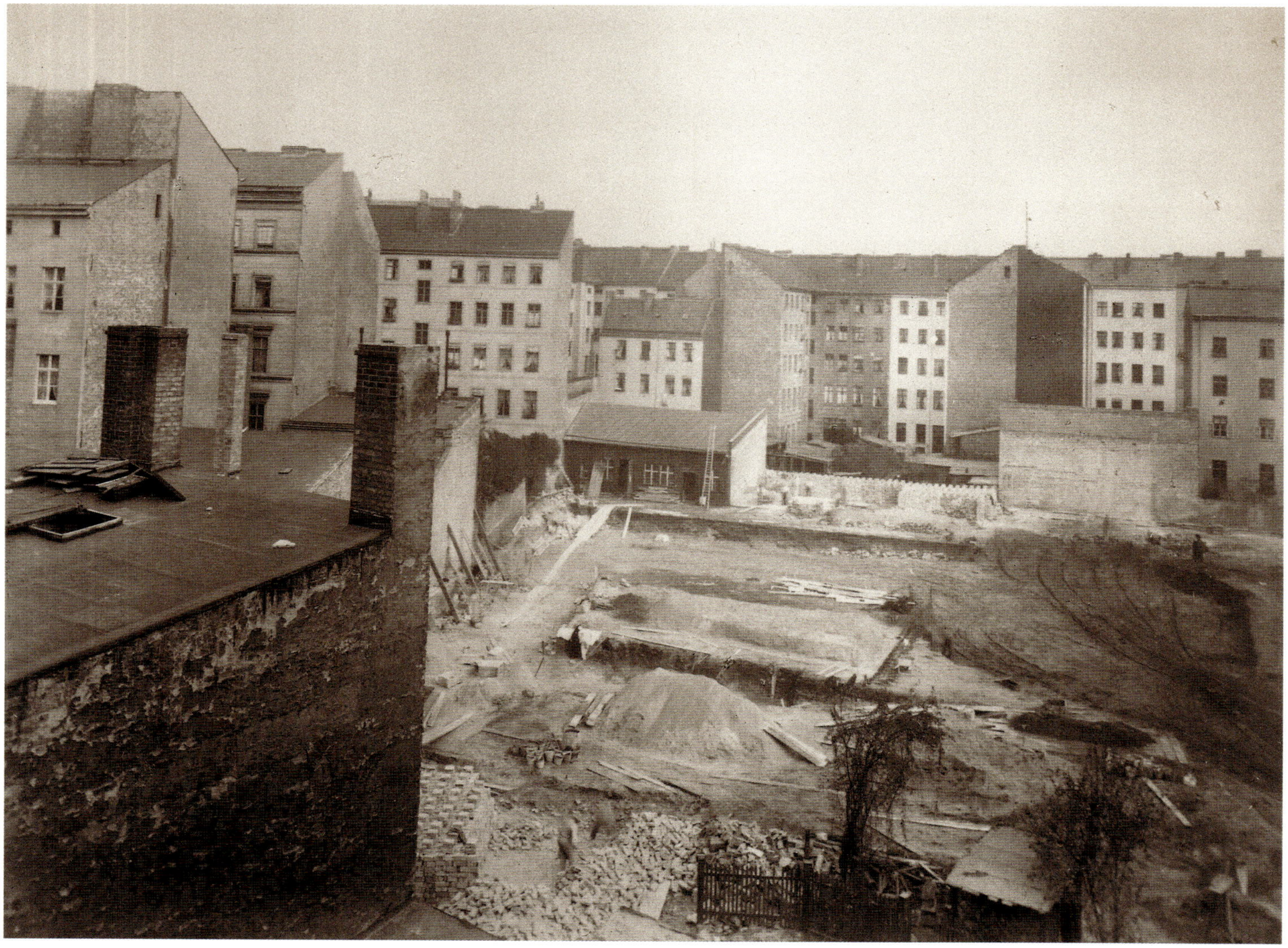

Belle-Alliance-Straße 92–95 nach Abrißarbeiten. (Kreuzberg)
1906

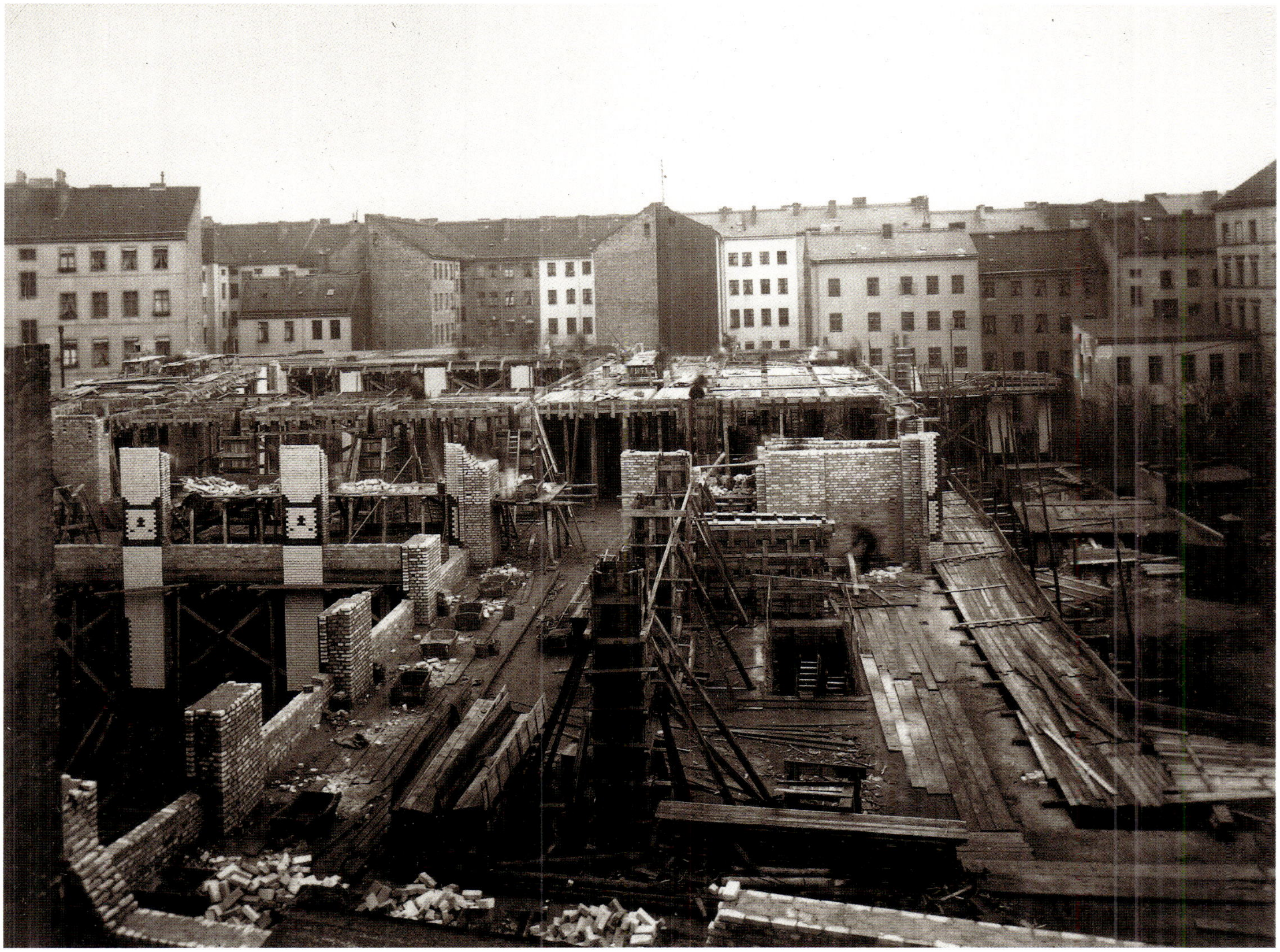

Belle-Alliance-Straße 92–95 mit beginnender Neubebauung. (Kreuzberg)
1906

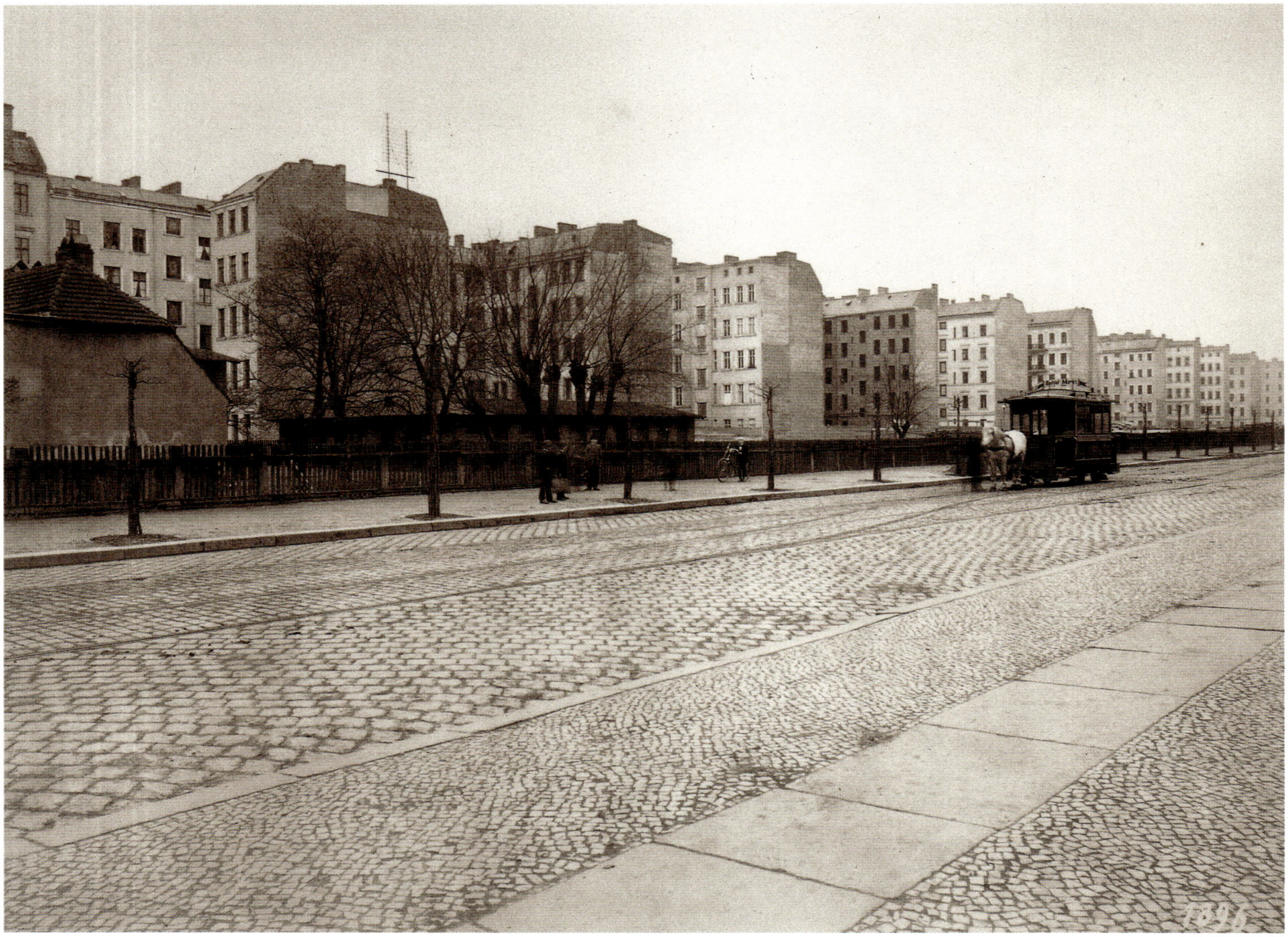

Wilhelmshavener Straße. (Tiergarten)
1896

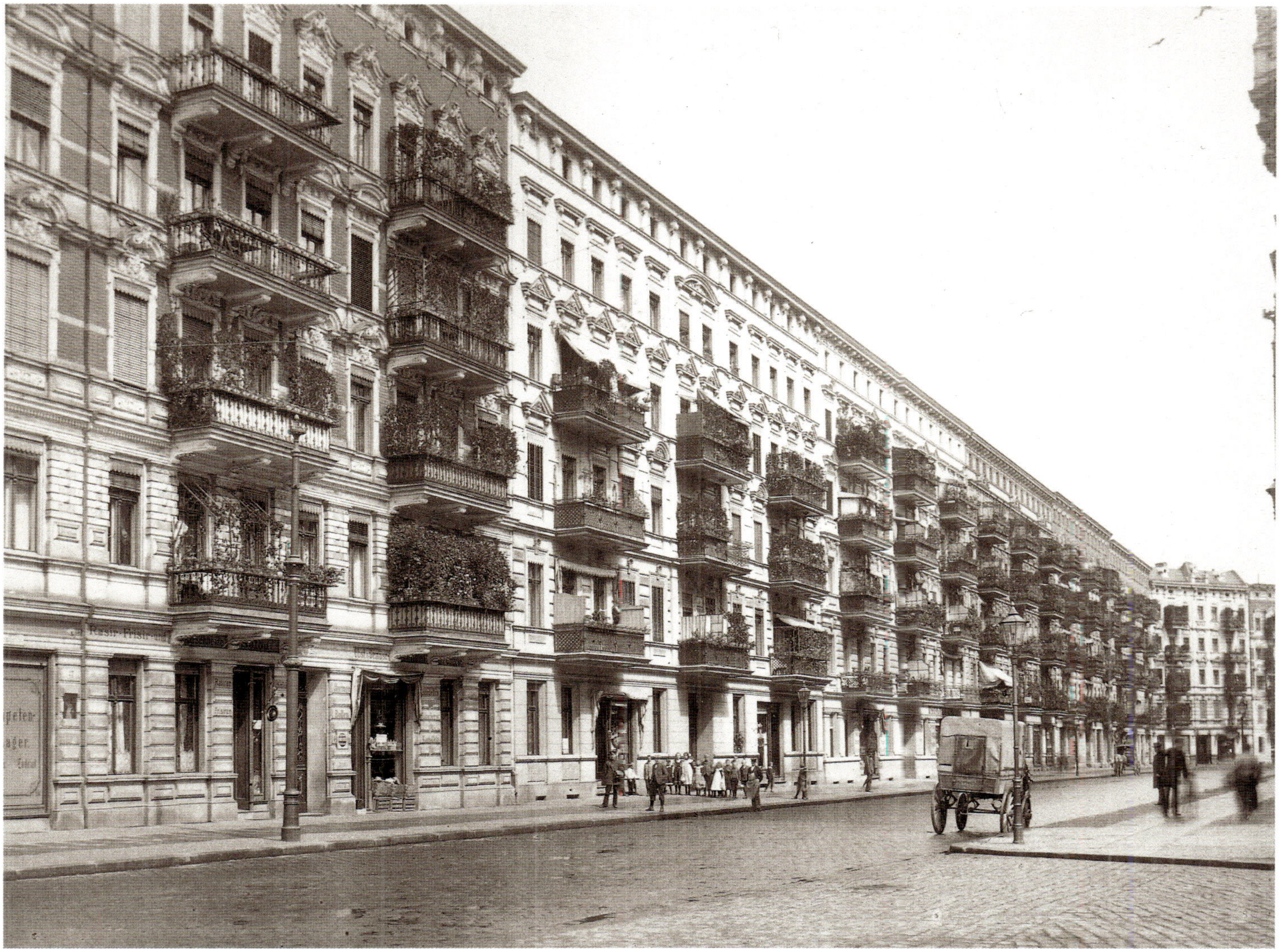

Ramlerstraße 20–27. (Wedding)
1902

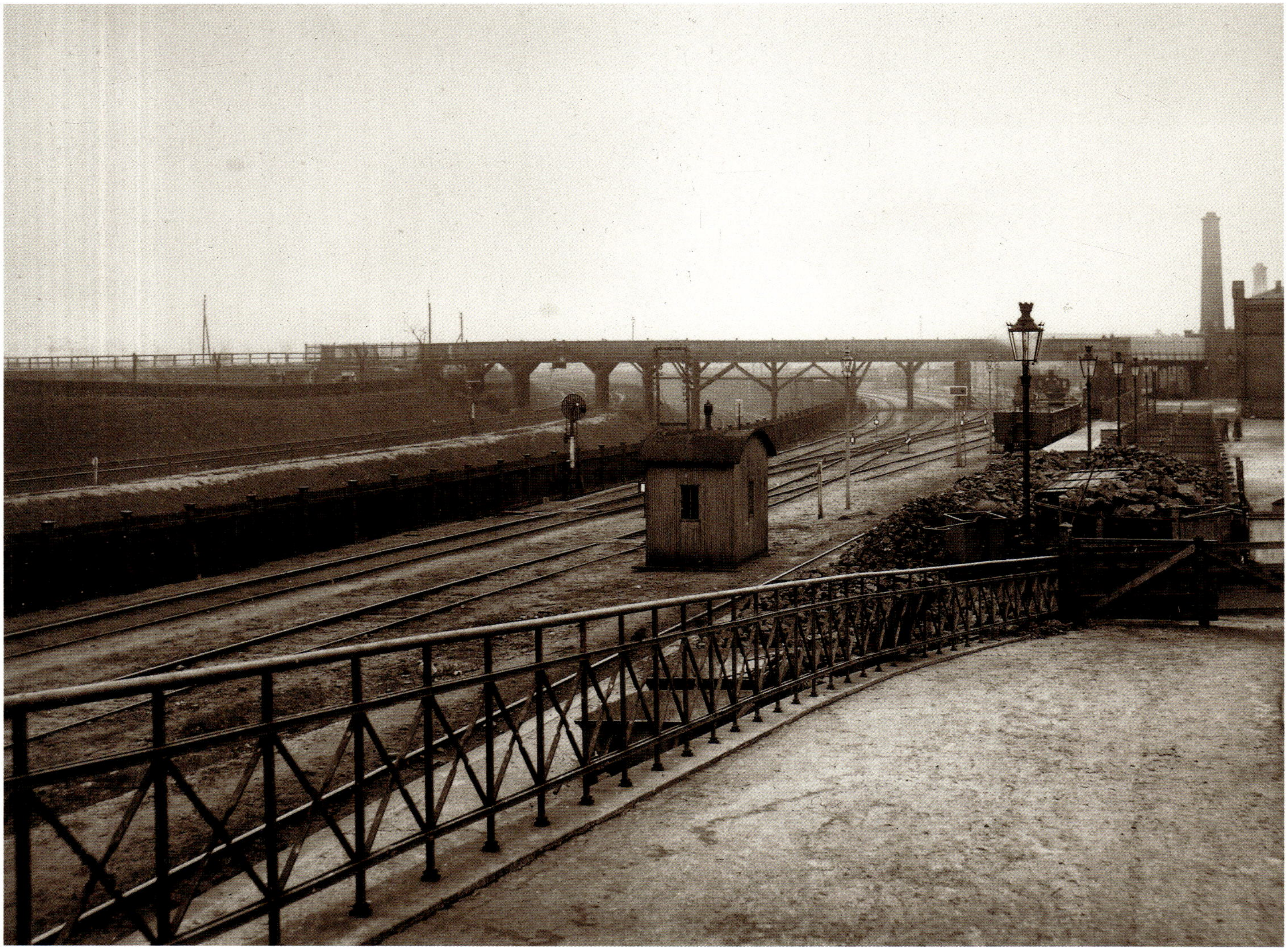

Gleisanlagen am Städtischen Zentral-Vieh- und Schlachthof. Im Hintergrund die sogenannte »Schwarze Brücke«. (Friedrichshain)
1902

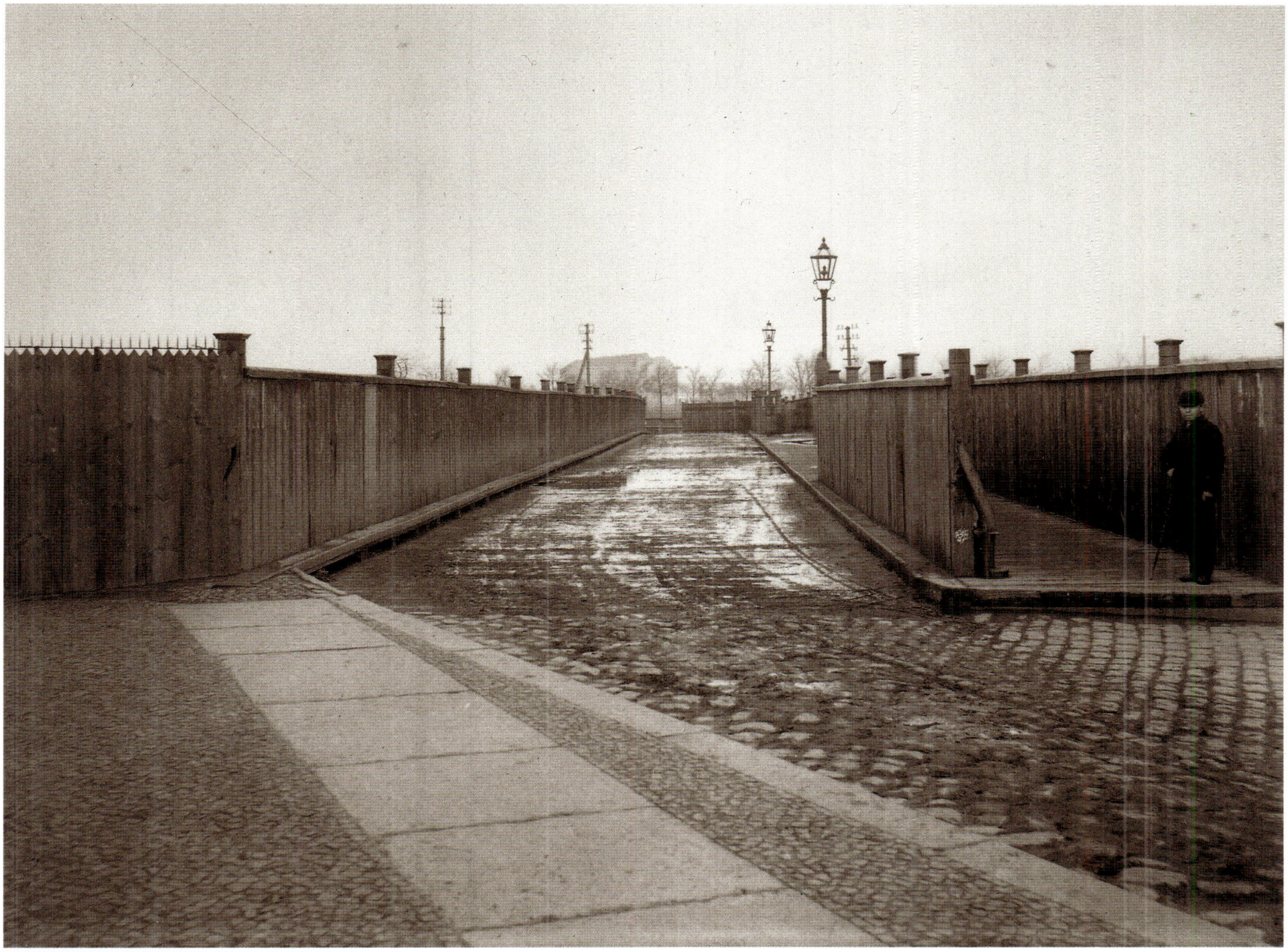

»Schwarze Brücke« vom südlichen Ende der Thaerstraße aus. (Friedrichshain)
1902

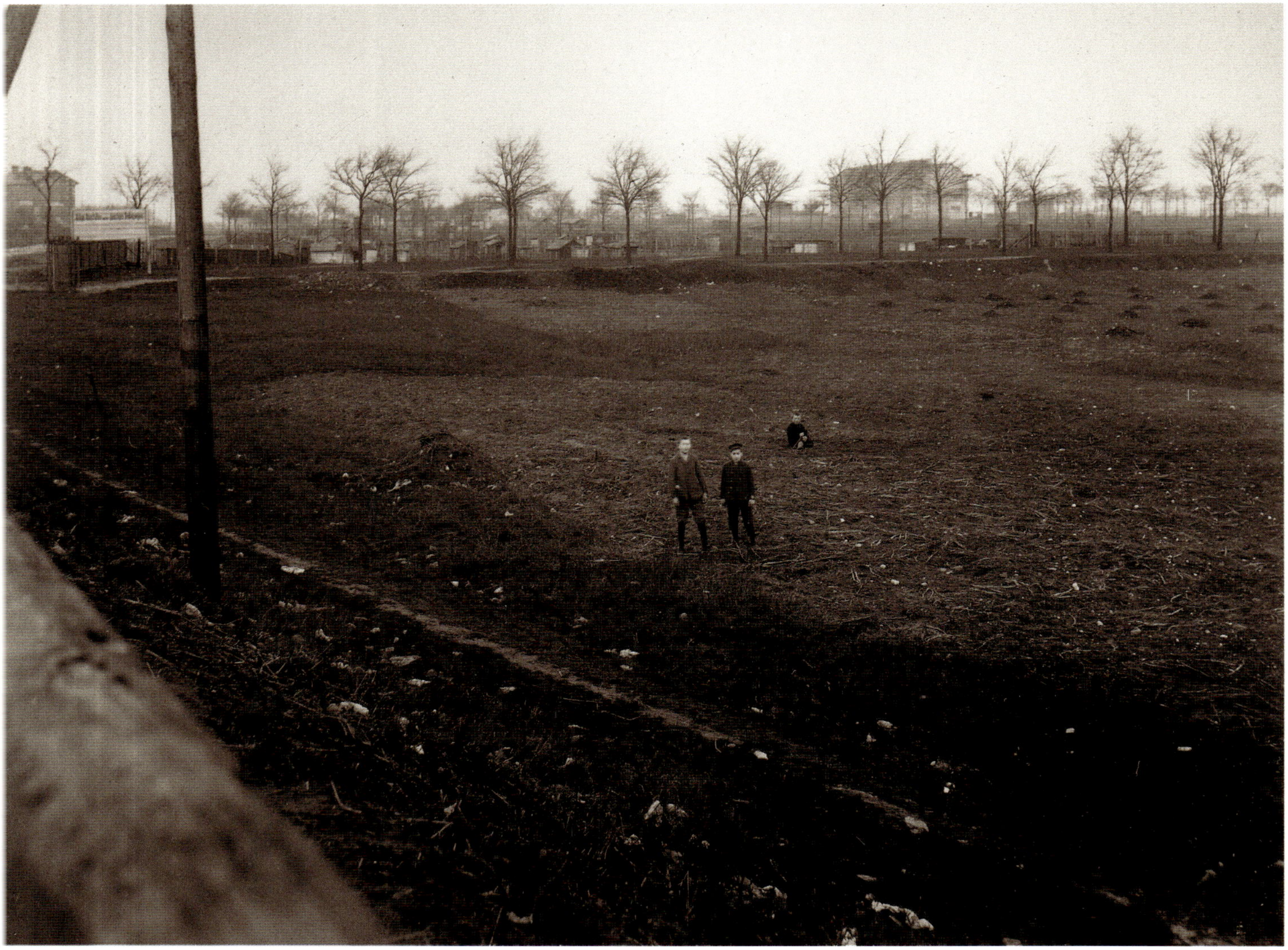

Blick von der sogenannten »Schwarzen Brücke« nach Nordosten. Im Hintergrund Laubenland. (Friedrichshain)
1902

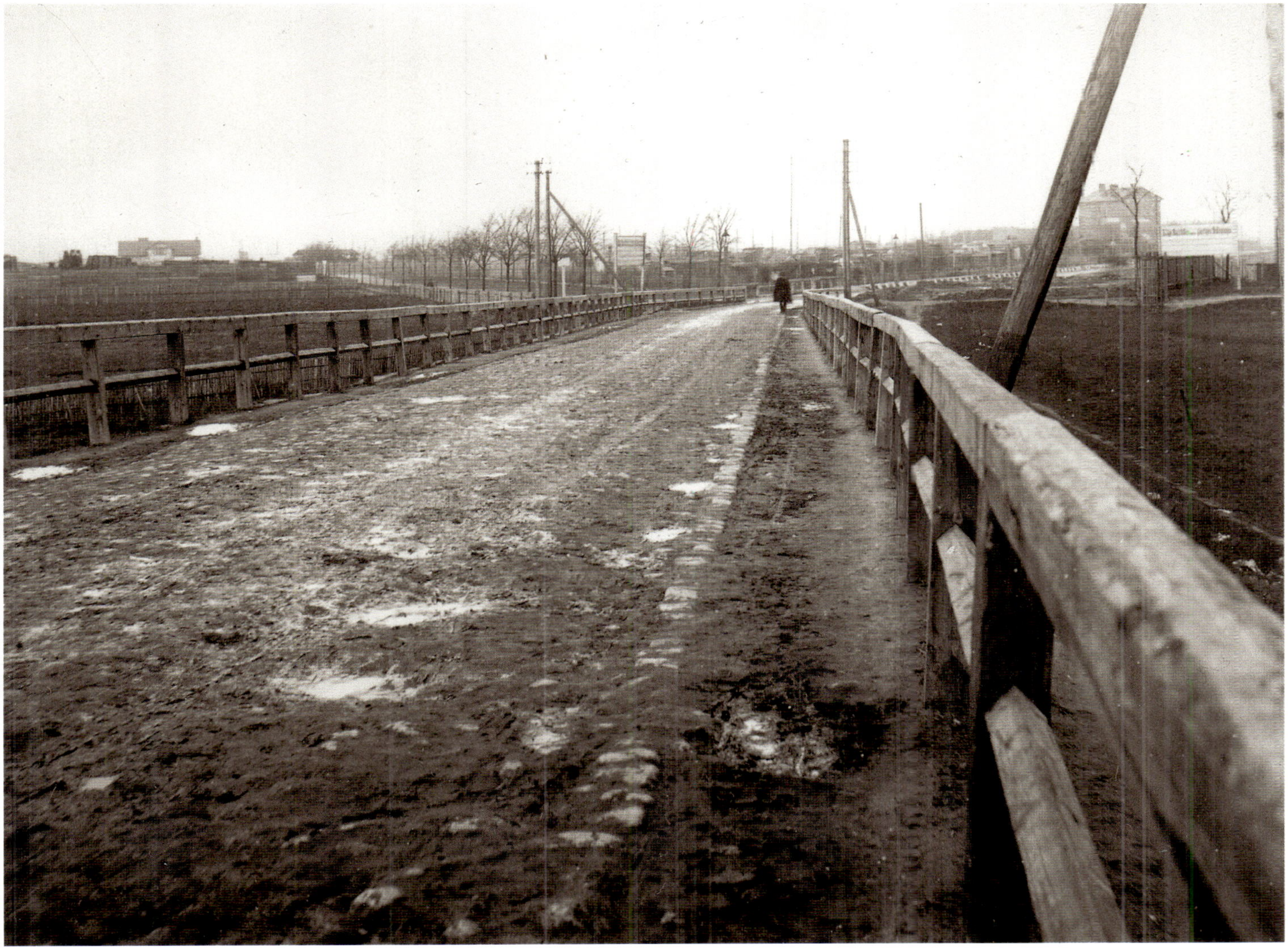

»Schwarze Brücke« nach Norden gesehen. (Friedrichshain)
1902

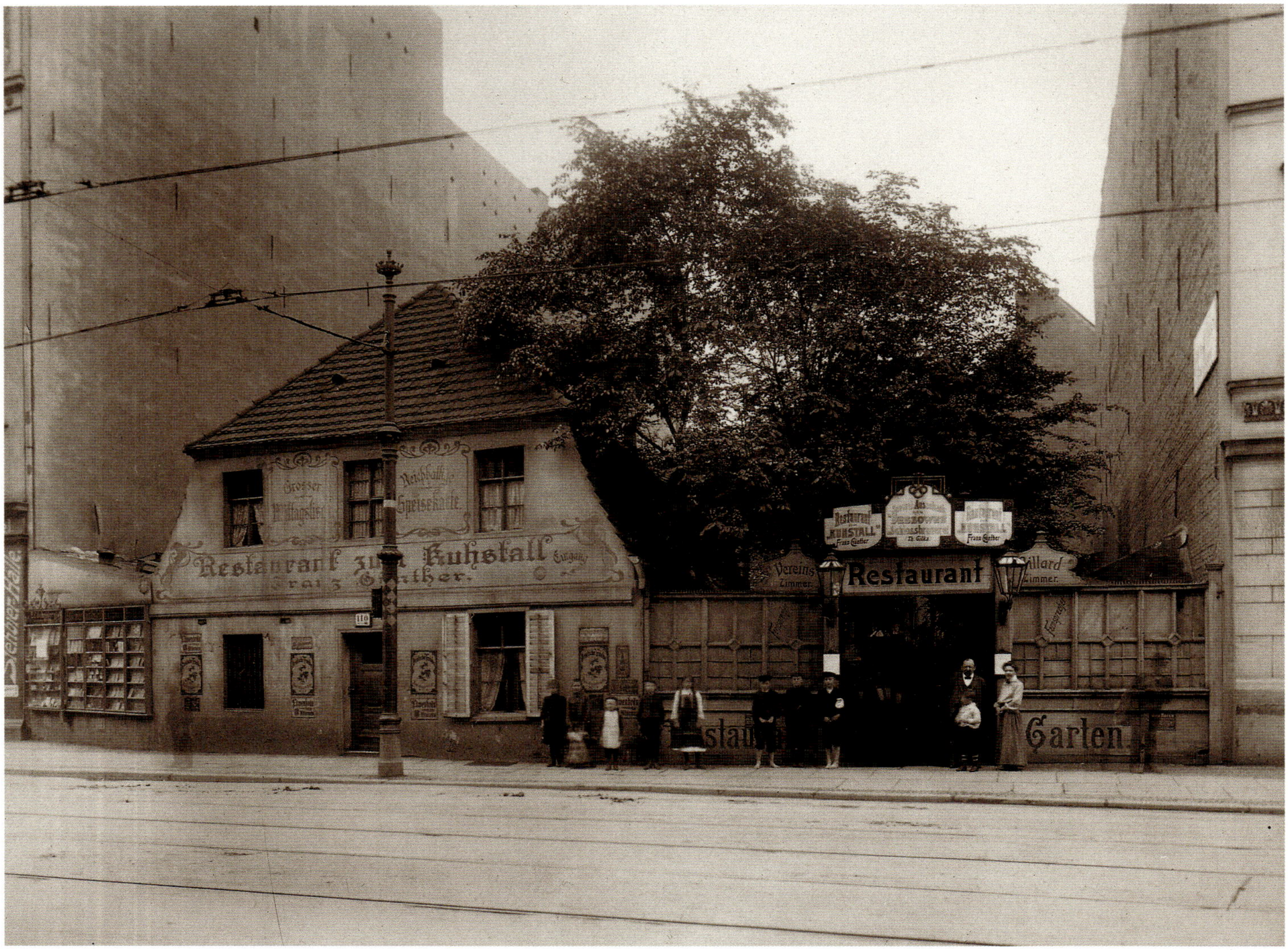


Invalidenstraße 110 mit dem Restaurant »Zum Kuhstall«. (Mitte)
1907

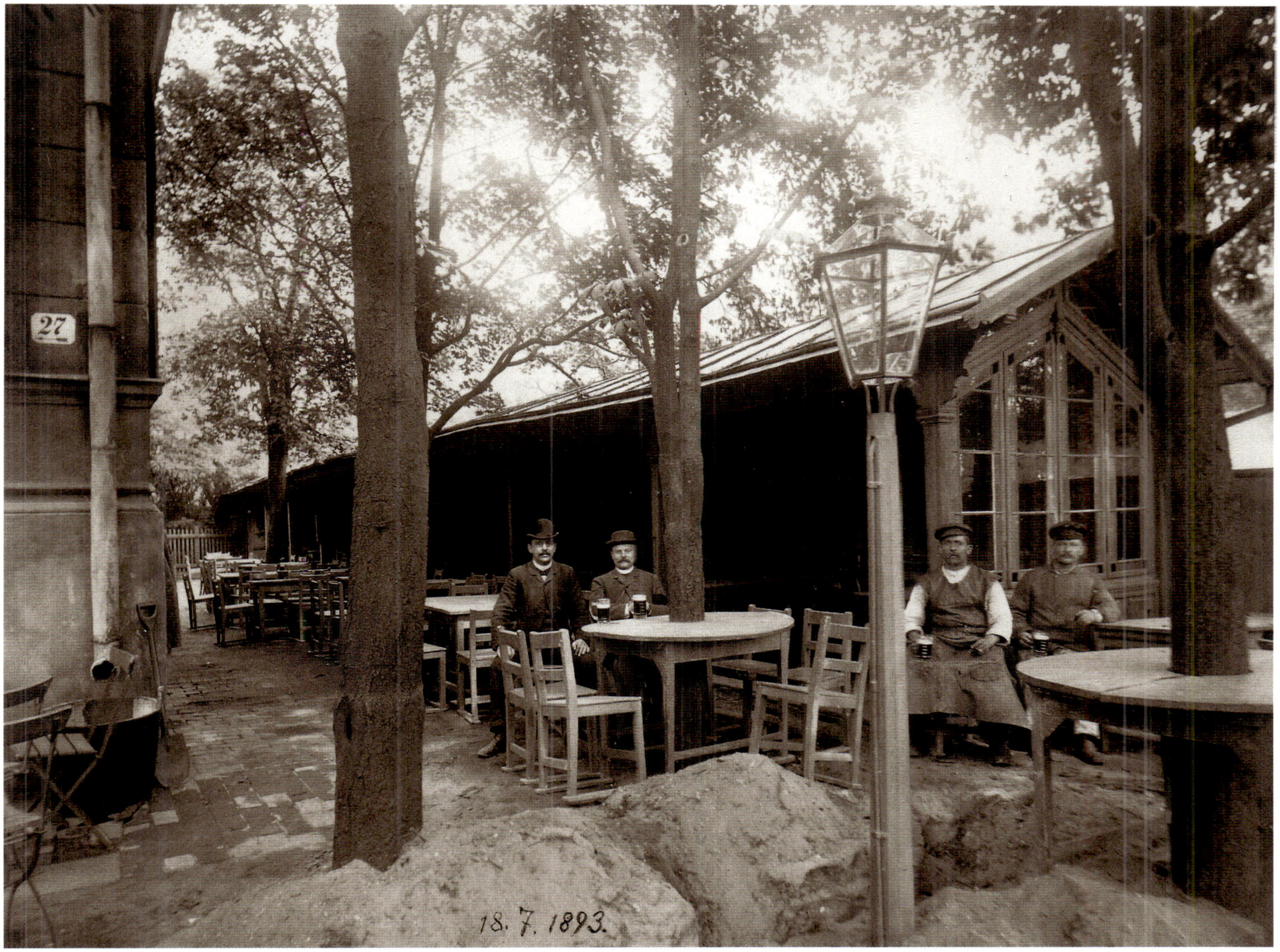


Turmstraße 27 mit Biergarten. Das Grundstück wurde kurze Zeit später zum Straßenterrain. (Tiergarten)
1893

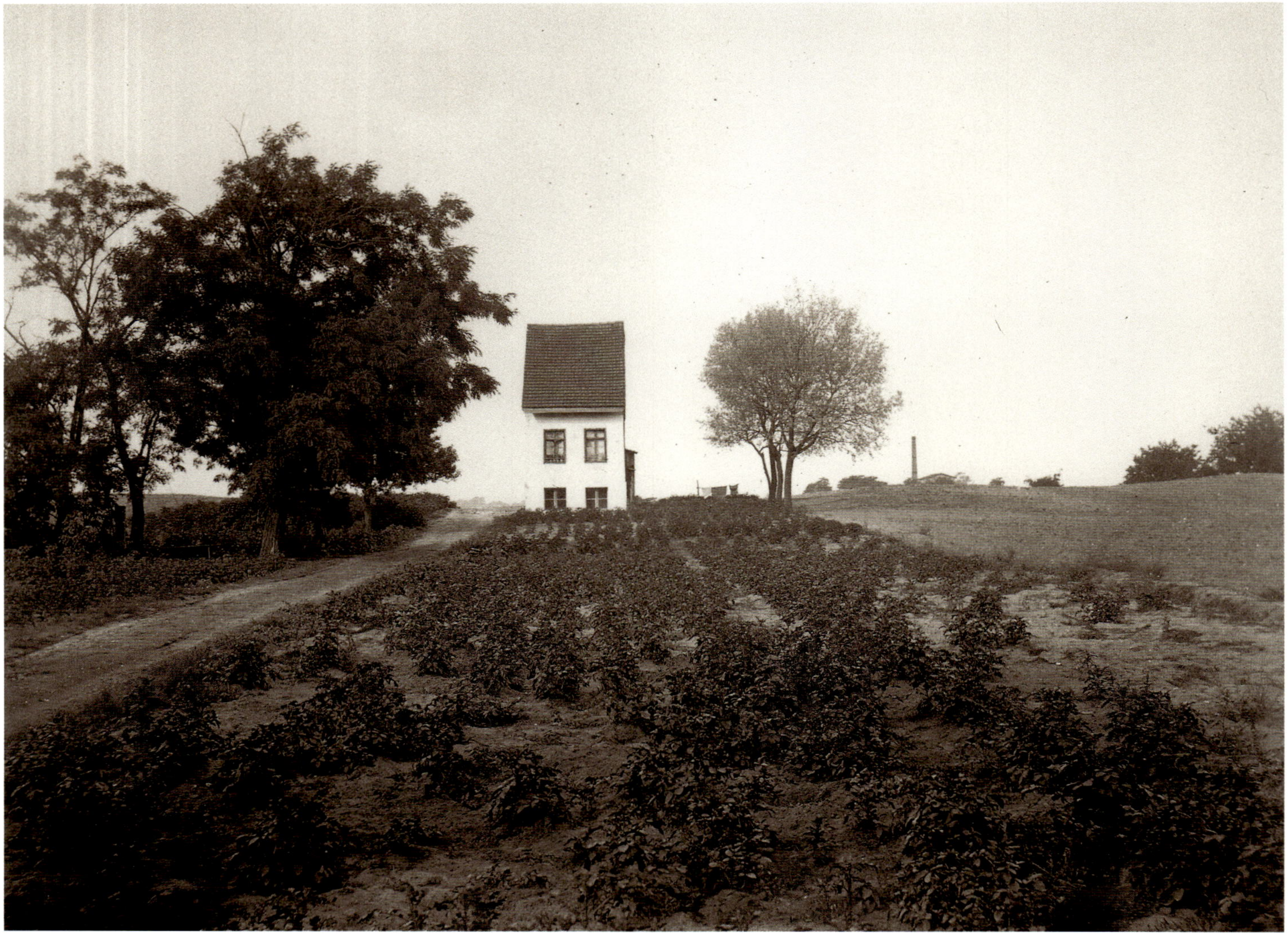

Müllerstraße 83, im Volksmund das »schmale Handtuch« genannt. (Wedding)
1893

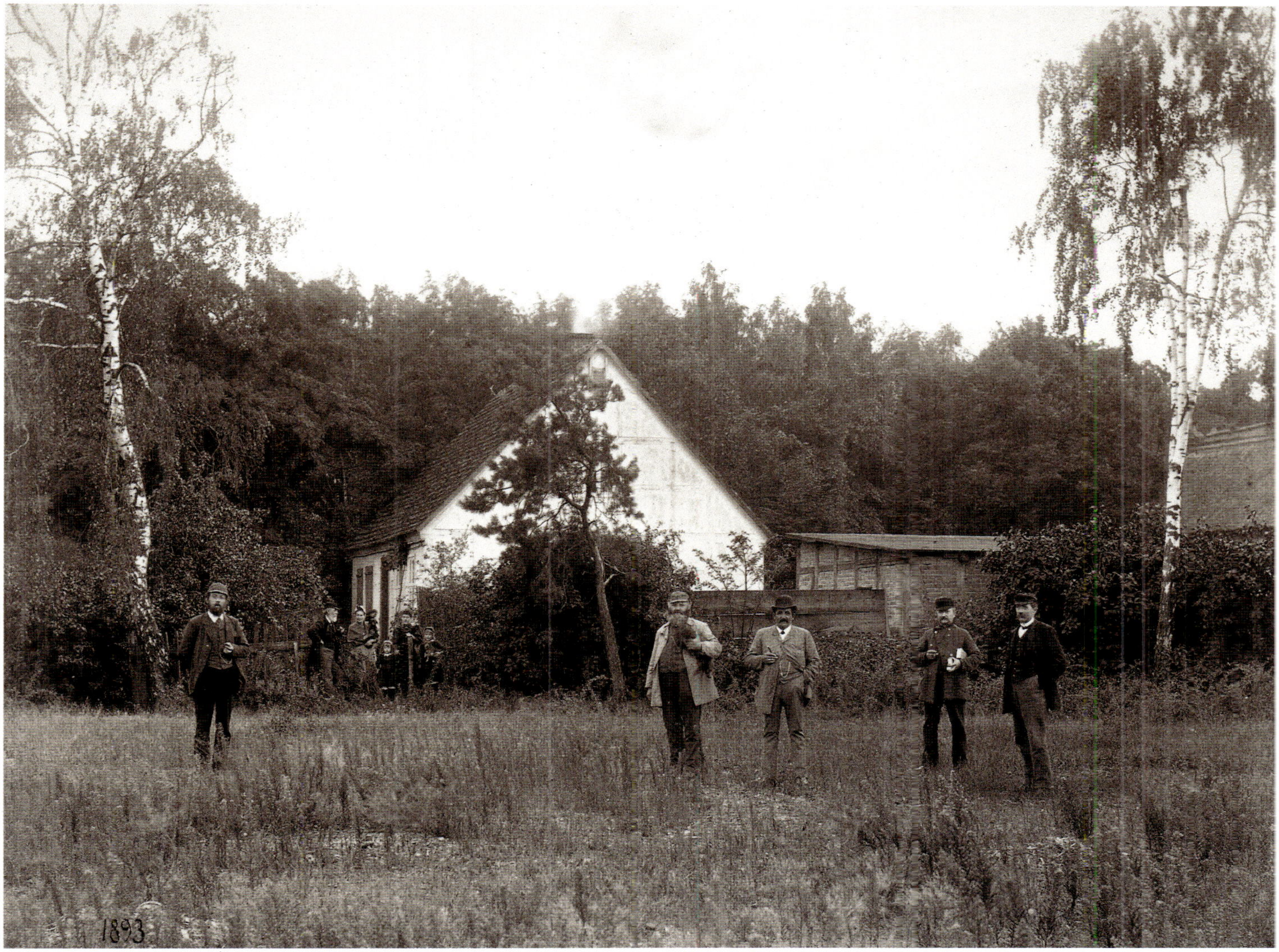


Forsthaus an den Rehbergen, nahe der Müllerstraße. (Reinickendorf)
1893

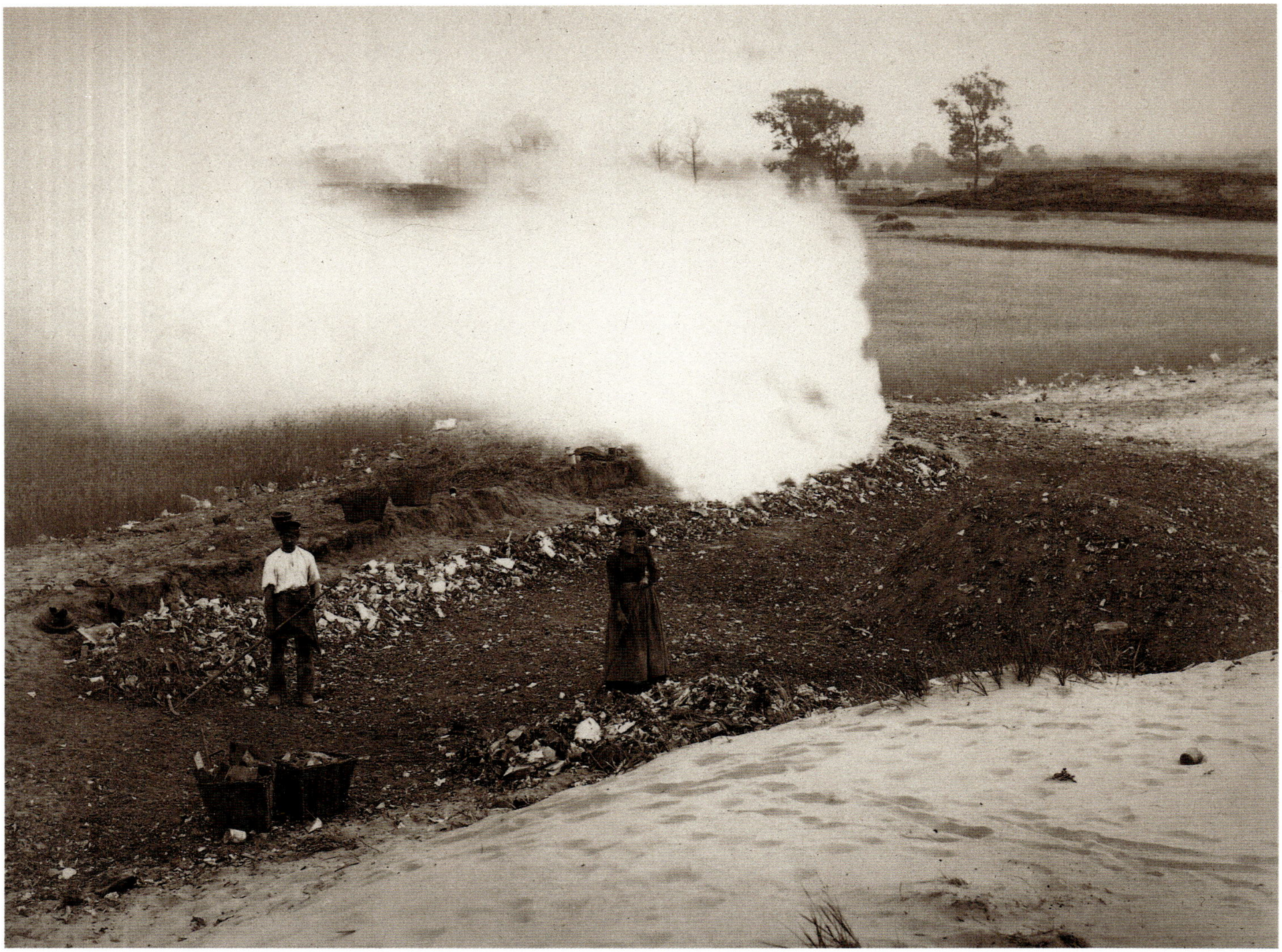

Müllverbrennung nordöstlich von der Müllerstraße. (Wedding)
1893

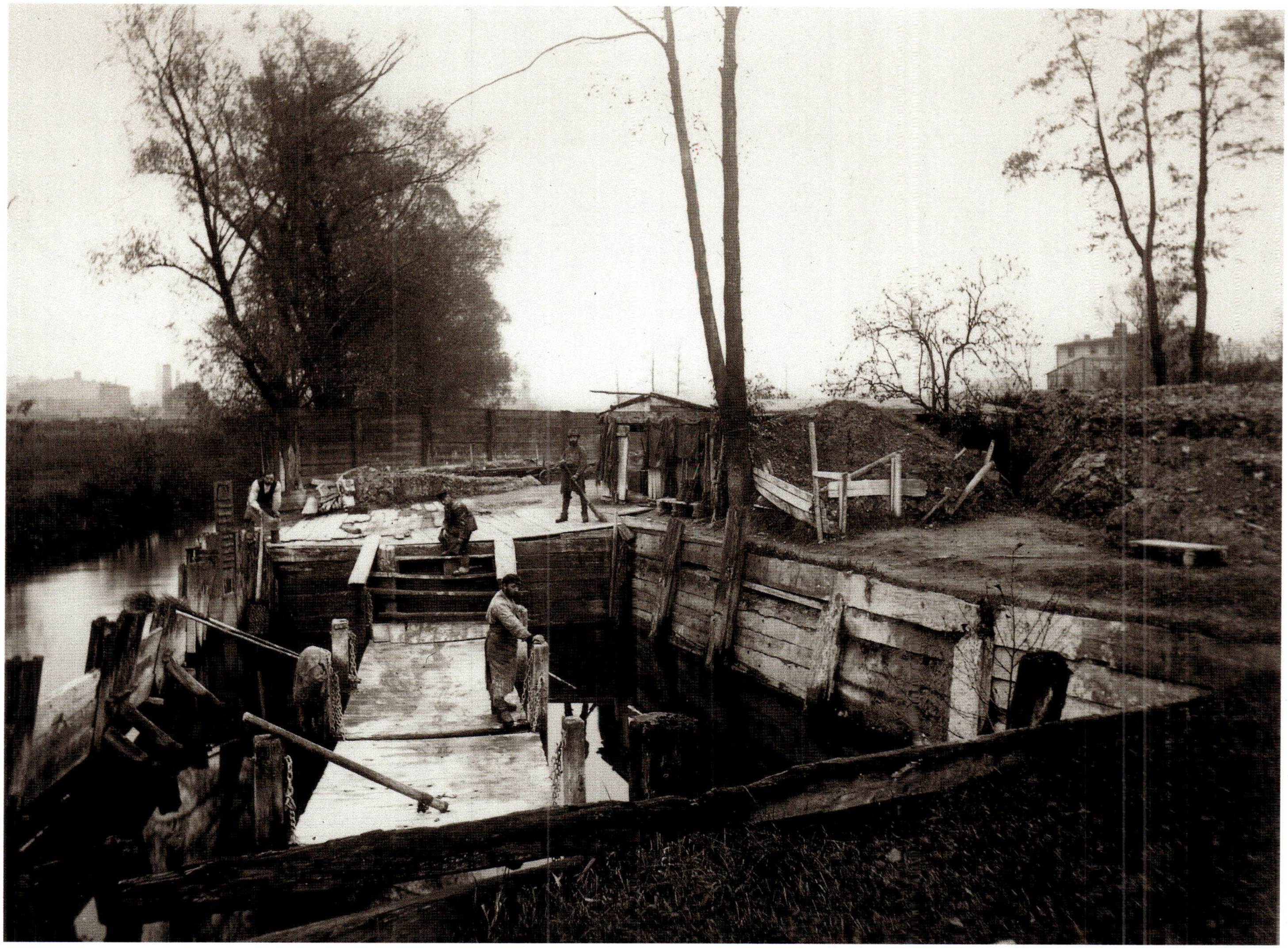

Befestigung vom Panke-Ufer in der Nähe der Koloniestraße. (Wedding)
1896

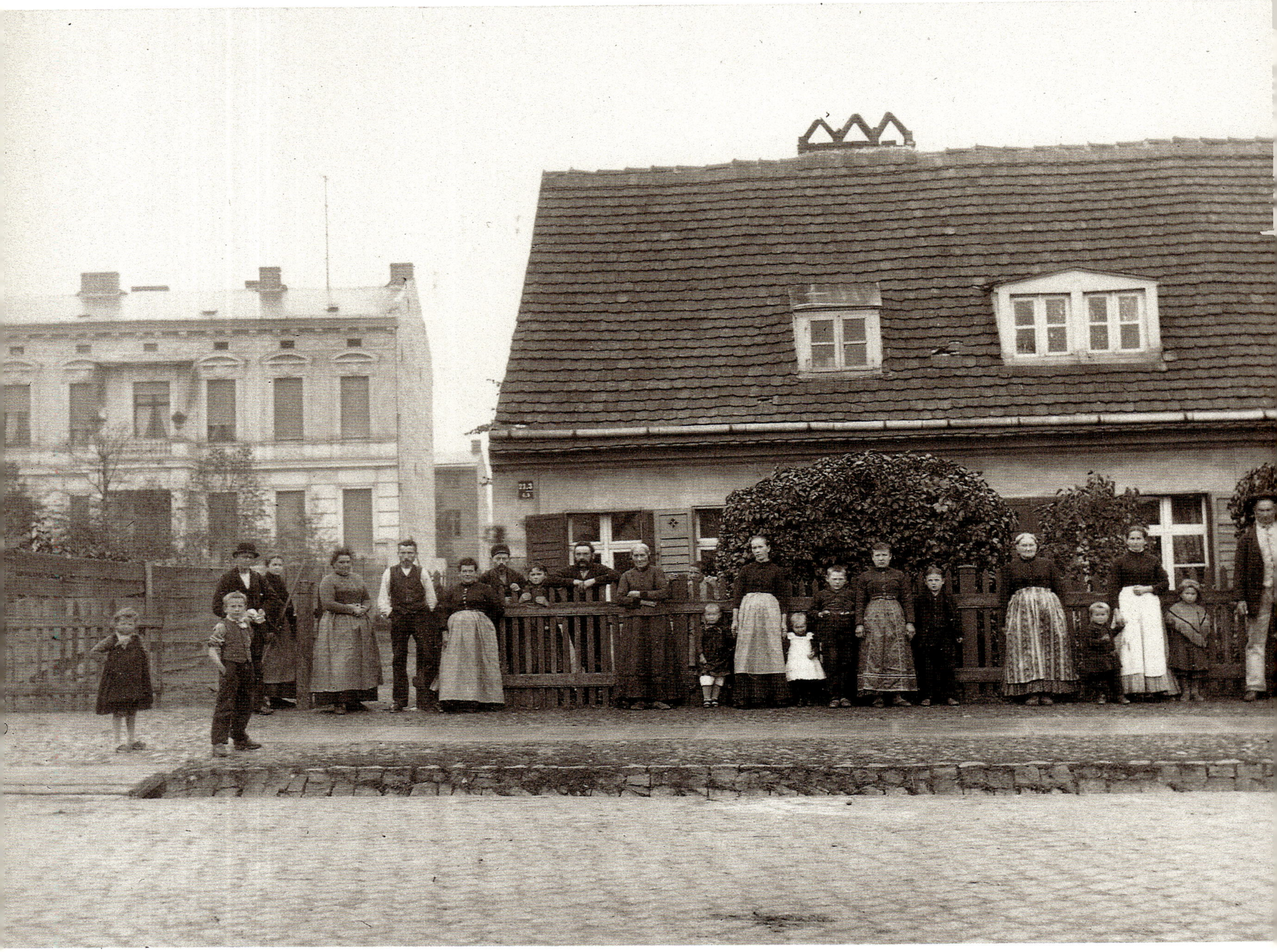

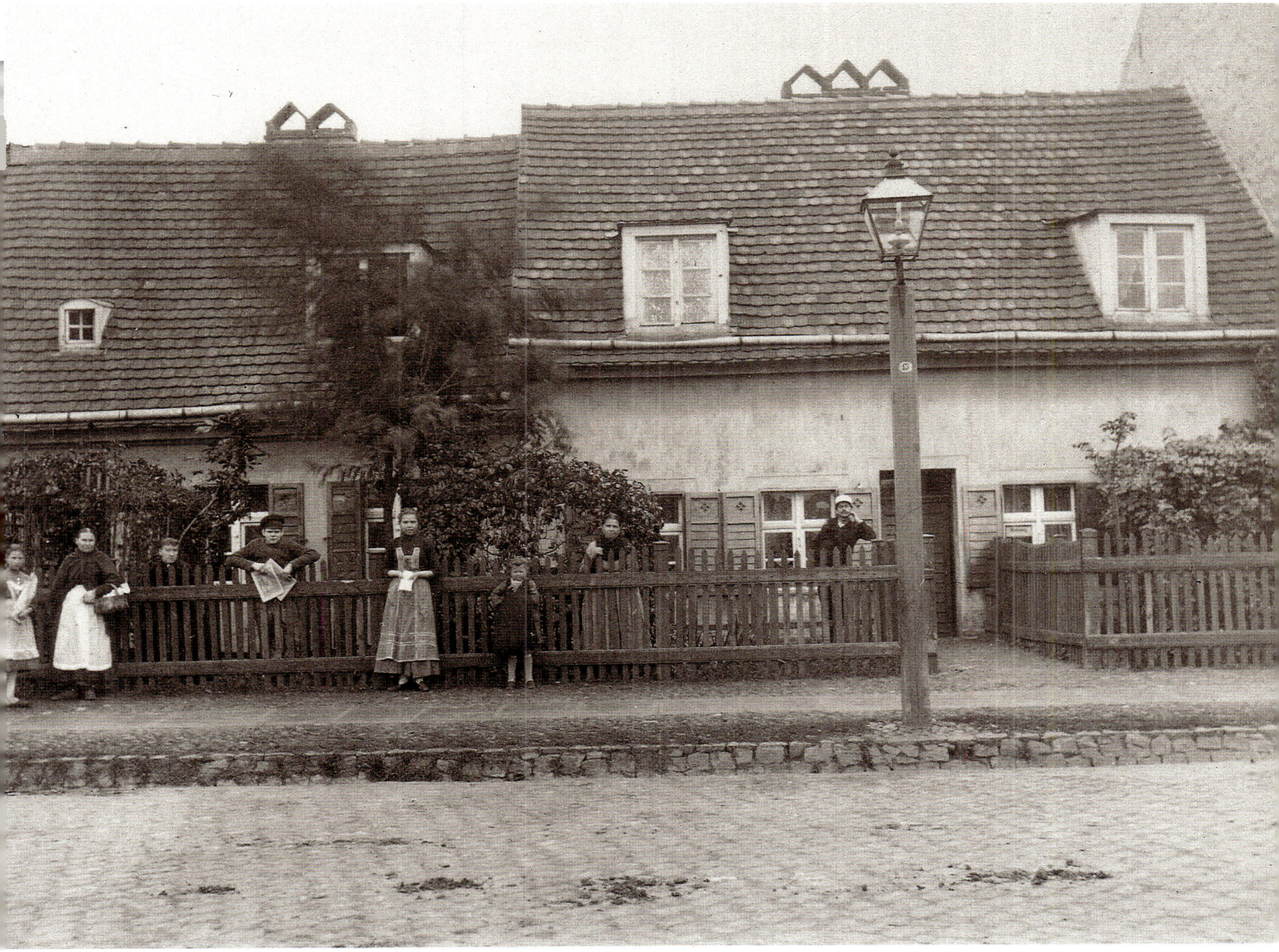

Koloniestraße 21. Das Haus mußte bald darauf einem Neubau weichen. (Wedding)
1890

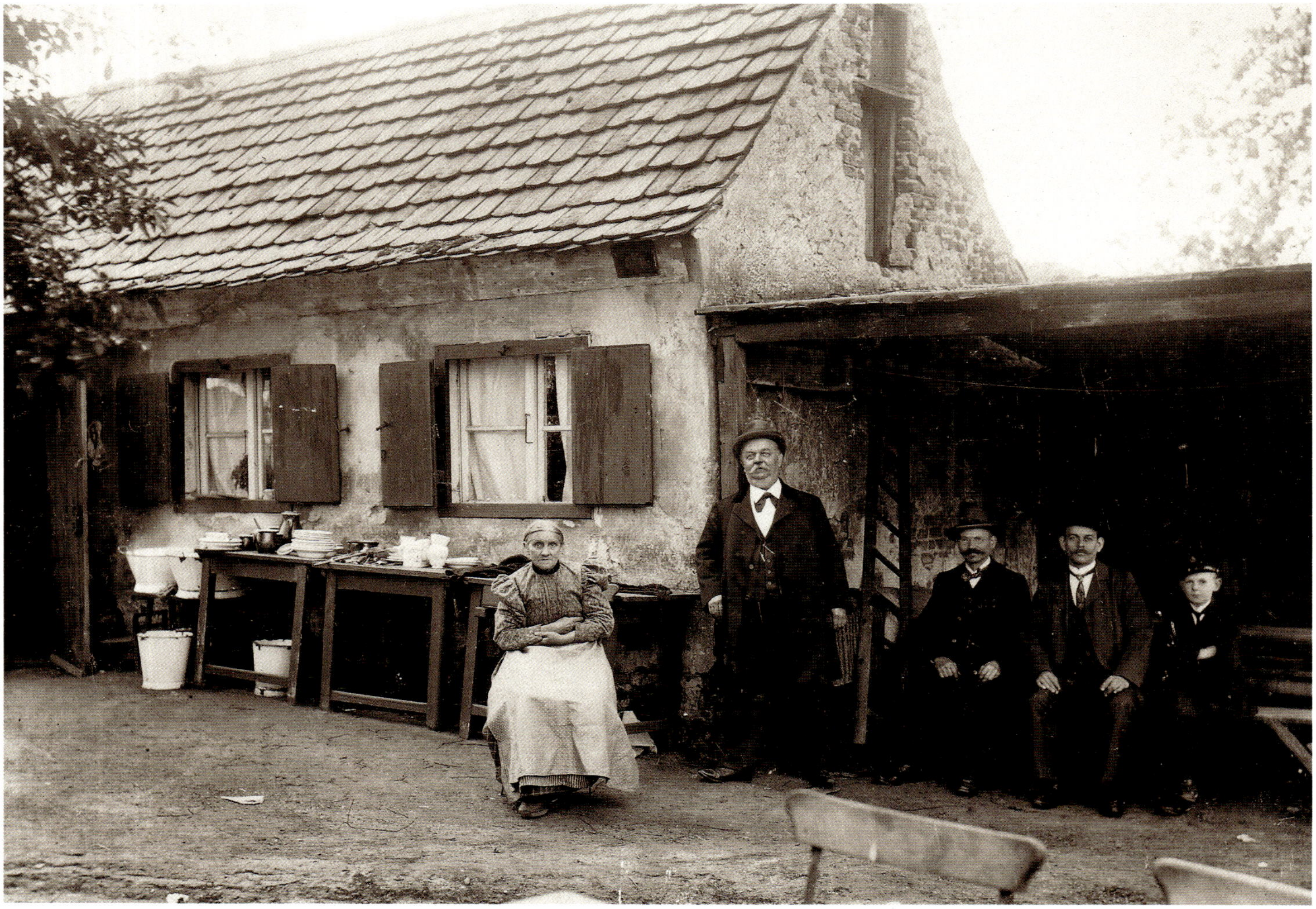

Südufer 1 mit Teilansicht vom »Wirtshaus zum Schweinekopf«. (Wedding)
1904

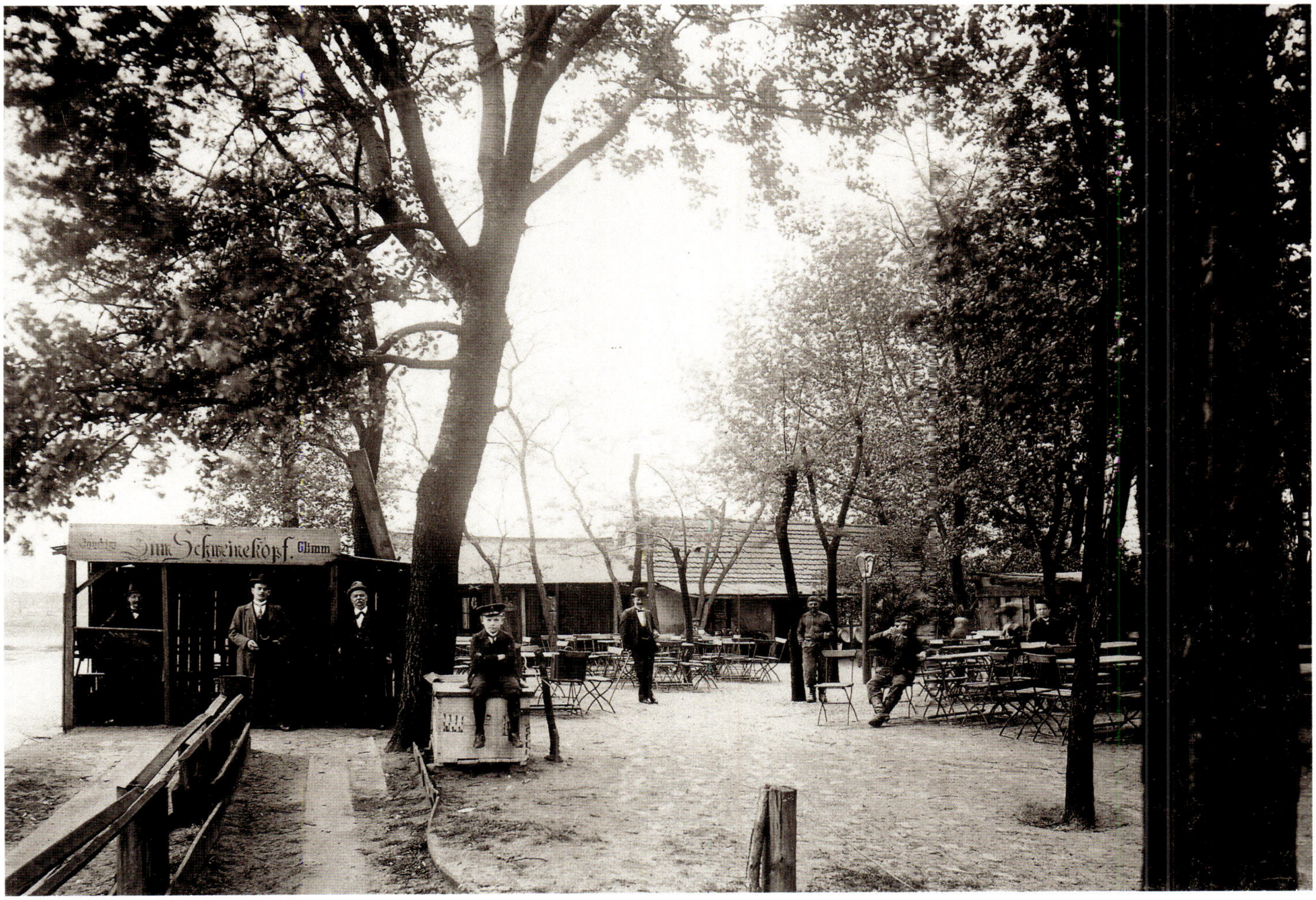


Südufer 1 mit Gartenrestaurant vom »Wirtshaus zum Schweinekopf«. (Wedding)
1904

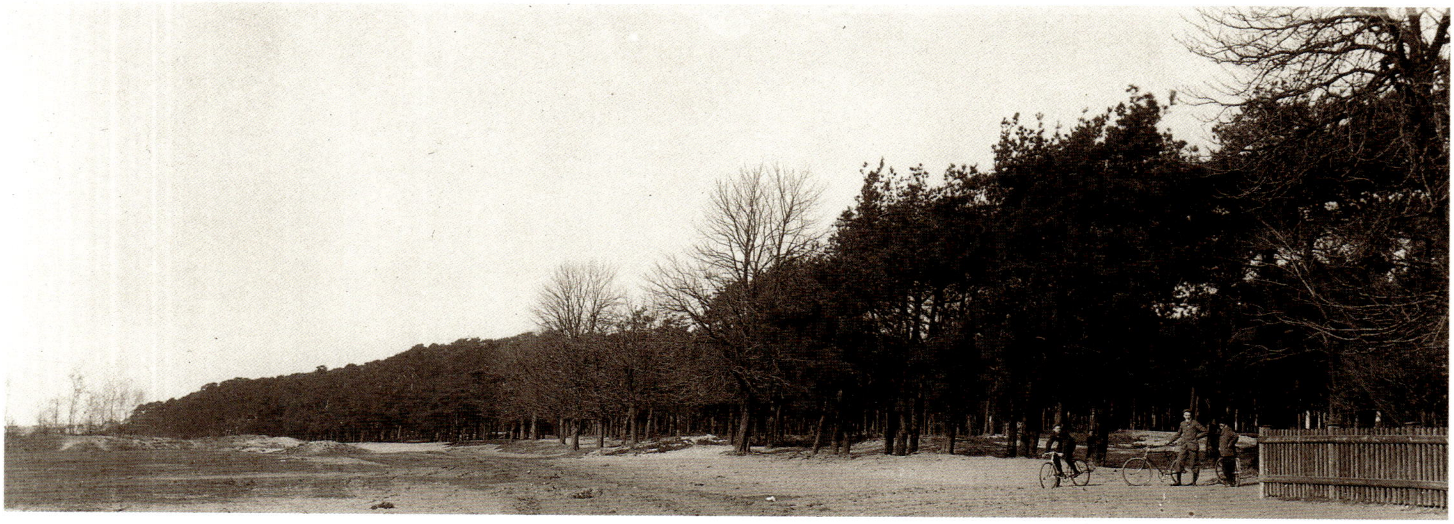

Schönholzer Heide. (Pankow)
1904

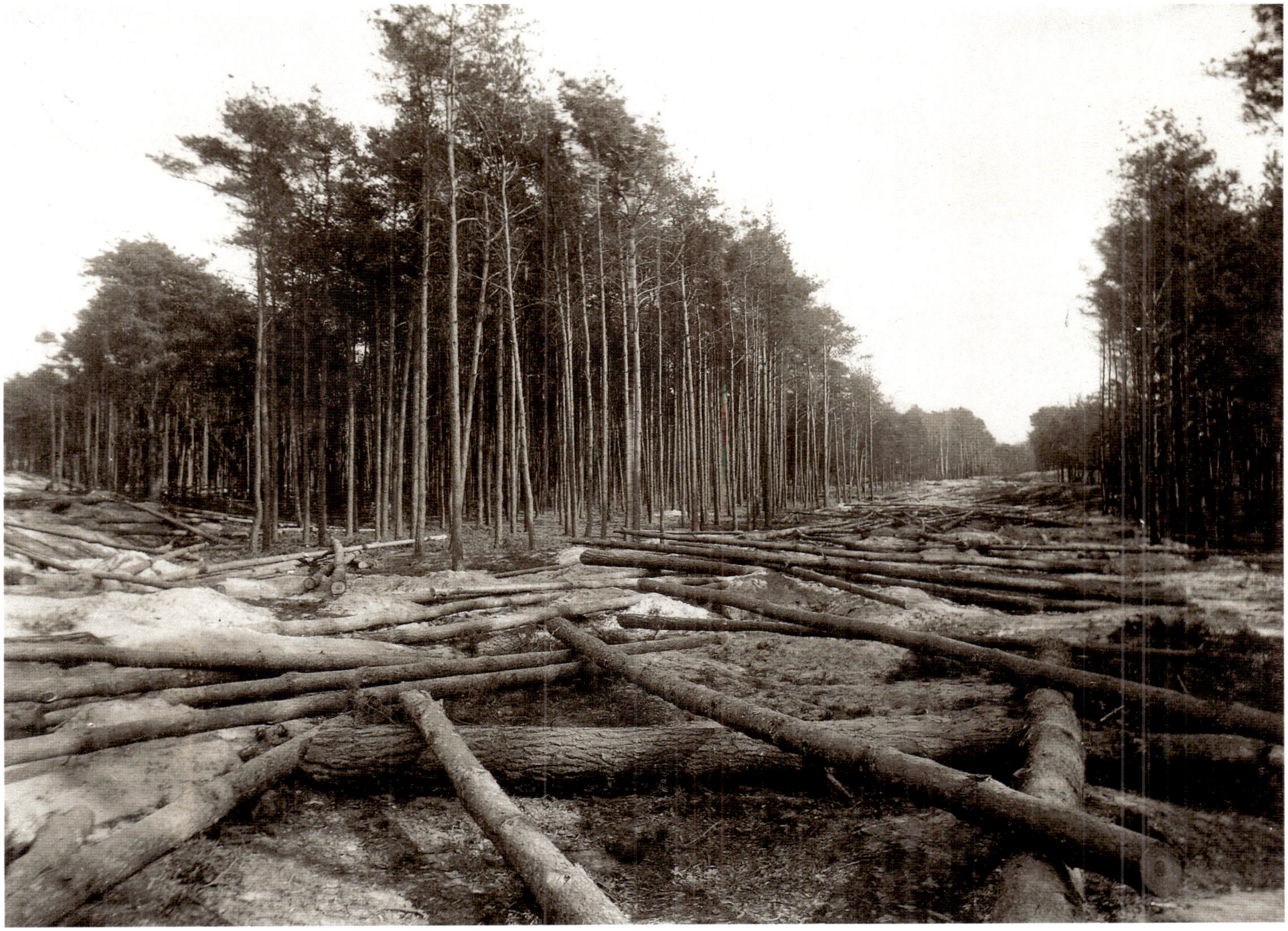

Schönholzer Heide mit einer Schneise aus gefällten Bäumen. Um die Jahrhundertwende begann hier eine rigorose Abholzung, um Baugelände für Terraingesellschaften zu schaffen. (Pankow)
1904

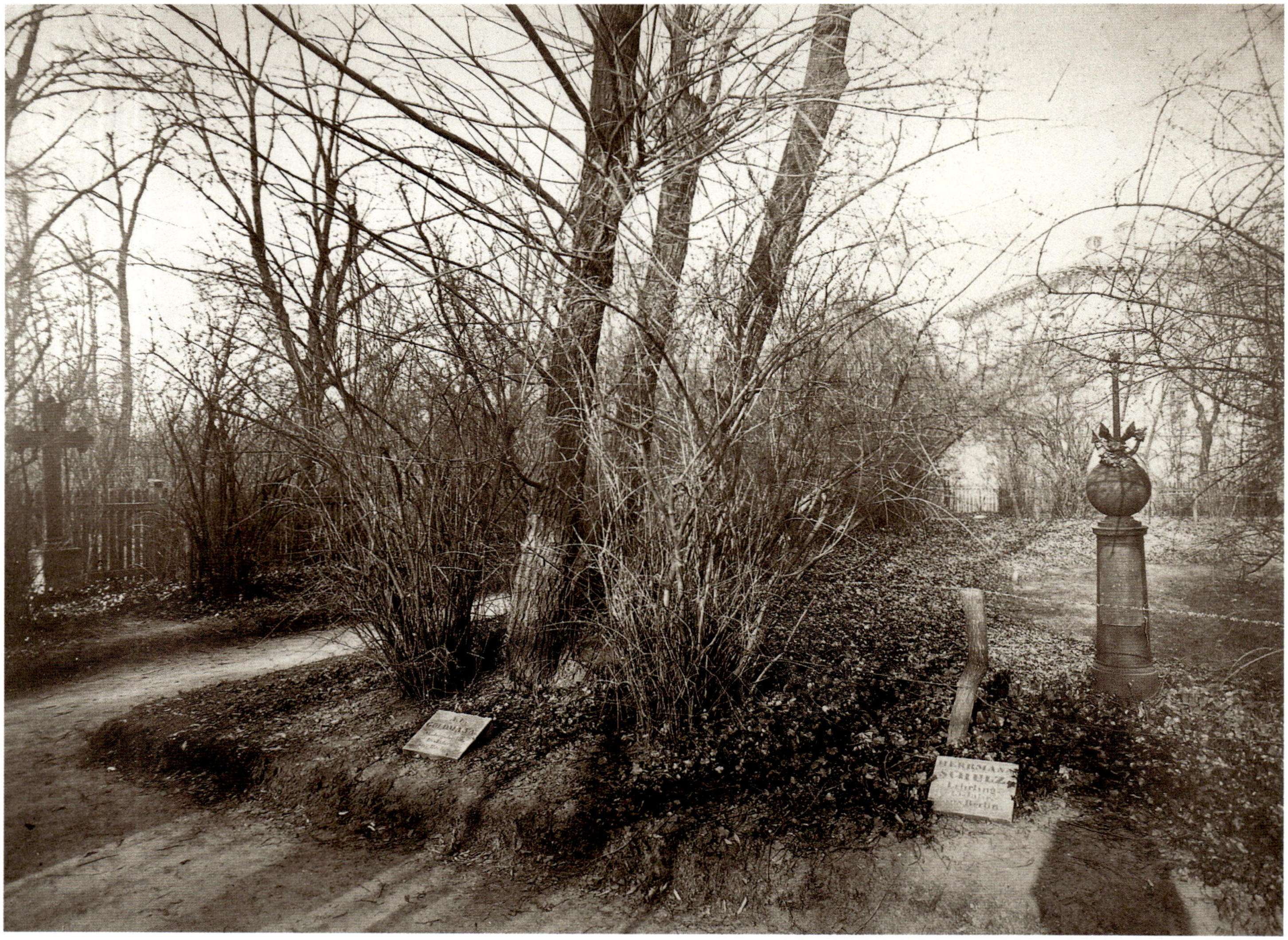

Teil des Friedhofs der Märzgefallenen im Volkspark Friedrichshain.
(Friedrichshain)
um 1900